わたしの献立日記

沢村貞子

中央公論新社

目次

献立ひとくちメモ

わたしの献立日記

食と生活

人の心の中にひそむさまざまの欲のうち、最後に残るのは食欲――とよく言われる。たしかにそうかも知れない……震災、戦災で辛《つら》い思いが続いたとき、そう思った。旅先で空襲にあい、やっと乗り込んだ汽車の中で見知らない人からいただいた一個のおにぎりのうまさ――終戦直後、大島絣《がすり》の着物と取りかえてもらった一升の小麦粉のありがたさは忘れない。ただ、食べたかった……ほかの欲はなかった。

食欲というのは、ほんとにすさまじいもの、と我ながら呆《あき》れるけれど……ちょっと、いじらしいところもあるような気がする。お金や権力の欲というのは、どこまでいってもかぎりがないけれど、食欲には、ほどというものがある。人それぞれ、自分に適当な量さえとれば、それで満足するところがいい。おいしいものでおなかがふくれれば、結構、しあわせな気分になり、まわりの誰彼にやさしい言葉の一つもかけたくなるから――しおらしい。

おいしいものとのめぐり逢いには、運がある。ついていない人は、ほんのちょっとの手違いで折角のご馳走を食べそこなったりするのに、運のいい人は、いつでもチャンと、そういう席に坐っている。

口運《くちうん》がいい、というのは、金運《かねうん》、女運《おんなうん》などからきた俗語らしいが、耳ざわりのいい言葉は、口果報《くちかほう》。昔、ご殿女中だった母方の祖母にバナナをあげたら、

「まあまあ、こんな珍らしいものがいただけるなんて、口果報だね、おいしいことホホホ」

と右手で小さい口をかくしながら、おっとり笑ったものだった。

ことわざ大辞典の「喉《のど》三寸」の項には、

「美味を味わうのも、口から喉にかけてのわずかの間で、飲み下してしまえば皆同じである」

と書かれている。食物のぜいたくをたしなめる意味である。そう言われれば、その通りかも知れない。

ところが——大した暮らしでもないのに、うまいもの好きだった私の父は、それをきいて、口をとがらせた。

「冗談じゃないよ、たった喉三寸の間でしか楽しめないからこそ、なるほどと思うようなうまいものを食べるのさ。眼をつぶって飲みこむだけじゃ、人間、生きてる甲斐《かい》がないってもんだ」

父の言い分は、なるほどとは言いかねるけれど——その血をひいているせいか、私もやっぱり、うまいものが食べたい。

おいしいものとまずいもの——人によって好みは違うが、口に入れた食物の値打ちを決めるのは、それぞれの味蕾《みらい》だという。人間の舌粘膜にあって、味覚を掌《つかさど》る細胞だそうな。うまいもの好きにとっては何より大切なものである。

それなのに——その味蕾の数が、齢《とし》とともに減ってゆく、というのは、なんとも侘《わ》びしい話である。もっとも、若い人でも、いい加減なものや、同じものばかり食べていると、ドンドン、それが減ってゆく、というから——こわい。ものの味のわからない暮らしなんて、それこそ、何とも味気ないだろうに……。

老夫婦にとっては残りすくない筈のその細胞の機嫌をとらなければ……そう思って、永年、せまいわが家でせっせと煮炊きをしていた私が、最近、フッと顔をあげてまわりを見て……おどろいた。

世はまさに「総グルメ時代」。新聞雑誌は料理の記事に大きいスペースを割《さ》き、街には古今東西、世界中の食べものが溢《あふ》れ、テレビでは有名人がそれぞれ得意の腕をふるっている。その間を、グルメ――料理通の人たちが、あそこのあれ、いや、ここのこれ……などと互いの味覚の鋭さを競いあい、本物を探し求めている。

食物の本物ってなあに？　どういうものかしら。値段のとび切り高いもの、めったに手にはいらないものが、かならず美味《おい》しい、とはかぎらないし……うまくなければ、本物ではないだろうし――素人《しろうと》は、考えるほどわからなくなってくる。

もしかしたら……私の味蕾はかなり気ままなのかも知れない。以前、おいしい、と思ったものでも、おなかがいっぱいのときは喉を通らないし、毎日つづければ決まって飽きがくる。他人《ひと》さまの前でちょっと気取って箸《はし》を持ったりすると――味蕾がすねてそっぽを向くらしく、さっぱり味がわからない。なんとも厄介《やっかい》なものである。

二十年来、わが家の食事は朝と夜だけ――おひるはおやつ程度になっている。従って、私たちの今後の食事の回数は、残りの年月に2をかけただけである。そう思うと、いい加減なことはしたくない。うっかり、つまらないものを食べたら最後……年寄は、口なおしが利《き》かないことだし……。

　さて、そうなると、一体、なにをどう食べたらいいのだろうか？　あれこれ悩んだあげくの果てに——こう考えた。

（いま、食べたいと思うものを、自分に丁度いいだけ——つまり、寒いときは温かいもの、暑いときは冷たいものを、気どらず、構えず、ゆっくり、楽しみながら食べること）

　なんとも、月並だけれど——どうやら、それが私たち昔人間にとって、最高のぜいたく——そう思っている。

（さあ今日も、ささやかなおそうざいを一生懸命こしらえましょう……）

わたしの献立日記

二十九冊目の「献立日記」に表紙をつけた。わが家の朝晩の献立をつけておく粗末な大学ノートを、古い民芸カレンダーでくるむのは、せめてものお洒落《しゃれ》ごころである。表紙の右端に日附を書いておく。

〈昭和六十一年五月〜六十二年一月〉

第一冊目の日附は、昭和四十一年四月、となっているから、二十二年間、書きつづけたわけである。廊下の本棚の隅《すみ》に折り重なっているのを見ると——よくまあ、飽きもしないで……とわれながらおかしくなる。三十冊目のノートも、もう残りは半分。一冊が八ヶ月分くらいの割合になっている。

最初は、仕事をもつ主婦のほんのちょっとした思いつきだった。

あの頃は、夫婦とも忙しかった。家人は月刊雑誌「映画芸術」の発行で目がまわるようだったし、私は私で、テレビの連続ドラマ——TBS「青年の樹《き》」、NHK「あ

した の家族」につづいて、大映映画「悪名桜」、松竹映画「紀ノ川」と追いまくられていた。お互いに、丈夫とは言えないもの同士——なんとか、無事に働くためには食物がなにより大切、ということは身にしみてわかっていた。とにかく、おいしく食べなければ……それだけだった。

朝、床の中で眼をさますとすぐ考えるのは、その日の献立だった。雨戸の隙間《すきま》から明るい陽《ひ》の光が洩《も》れていれば——サッパリと口当りのいいちらしずしなど、どうかしら……冷たい雨が庇《ひさし》を叩いていれば、温かい鍋物にしようか、など……冷蔵庫の中味もいっしょに思案するのが習慣になっていた。

幼いときから台所仕事を仕込まれていたおかげで料理をするのは、さしておっくうではなかった。ただ、困ったのは、私の仕事の時間が決まっていない、ということだった。

朝の早い日、夜のおそい日——スケジュールはすべて向うさま——現場次第である。今夜はおそくなる、とわかっているときは、朝、出がけに家人の夕飯を——温めるだけでいいようなものをととのえておいた。夕方、早く帰れる日は、家へつくやいなや、手早く着替えて台所へとんでいって料理にかかったが——それにしても、買物だけは、通いの家政婦さんに頼んでおかなければならない――そのために、献立をキチンと書いて渡してゆくことになっていた。

それを忘れるのは、台詞《せりふ》で頭がいっぱいの日だった。

「奥さん、今日のお献立は？」

出かける間際《まぎわ》に言われて、

「ああ、そうだったわね」

慌《あわ》てて書こうとしても、まとまらない。昨夜は何を食べたかしら……まごまごしてしまう。あげくの果てに、昨日は牛肉のすきやき、今夜は鶏肉のすきやき、おみおつけは二日つづけて若布《わかめ》ということになりかねない――毎日の献立にいちばん大切なのは、変化なのに……。

（そうだ――前の日の走り書きのメモをチャンと残しておけば、参考になる……）

やっと、気がついた。早速、無地の大学ノートを買い、横四段に仕切って、毎晩、その日の献立と日附を書いておくことにした。

その食物日記が、思った以上に役に立った。前日のメニューを眺めていると、不思議に、その日の献立が決まってくる。例えば、書き初めの、四十一年四月二十二日は、

○牛肉バタ焼き
○そら豆の白ソースあえ
○小松菜とかまぼこの煮びたし
○若布の味噌汁
翌朝、それを睨《にら》みながら、急いでたてた献立は、
○豆ご飯
○いわしの丸干し
○かまぼこ
○春菊のおひたし
○大根千切りの味噌汁
ひどくあっさりしているが、これは多分、前日、家人の好きな牛肉バタ焼きで脂肪のとりすぎを心配したせいだろう。出盛りの青豆を炊きこんだ豆ご飯に蒲鉾《かまぼこ》がつづいているのは地方の友人がおいしいものを沢山贈って下さったのだと思う。それも家人の大好物である。家政婦さんはその日、台所買物帳に、
○春菊、そら豆――一三〇円

○大学ノート——三〇円

とだけ書いている。

こうして、毎日書くようになった献立日記の、ほんとうの値打ちがわかったのは、二年あまり、たってからだった。

仕事に疲れて、どうもいい案が浮かばない——去年の今頃はどんなものを食べていたのかしら……と、二冊目の四月二十二日をめくってみると、

○筍《たけのこ》ずし

○蕗《ふき》と厚揚げの煮もの

○紋甲いか、椎茸、えびの串焼き

○豆腐となめこの味噌汁

その日の買物は、

○蕗、筍、人参、里芋——三〇〇円

○紋甲いか（一尾）——三〇〇円

○大正えび（中八尾）——三六〇円

そう言えば、もう筍も出ている筈。その前の日のかつおの煮つけもおいしそう——

そう思ったトタンに献立が出来た。

○筍ごはん（筍、油揚げ、人参）

○かつおの煮つけ

○五目豆

○のりのお吸物（針しょうが）

その晩、お膳の上の季節の香りに、家人の顔もなんとなく、ほころんだ。

献立に大切なのは、とり合わせではないかしら。今日は魚が食べたい、とか、肉にしよう――などと主役は早く決まっても、それを生かすのは、まわりの脇役である。好きなものばかり、と言っても、ひらめのお刺身に麻婆《マーボー》どうふ、グリーンピースのポタージュなど添えられては、味蕾がとまどって喉につかえる。和風、洋風、中華風――そのときどきの素人なりの工夫を、この日記は気軽に思い出させてくれる。一年一年、齢とともに好みはすこしずつ変ってゆくが、とにかく、これは私にとって、料理用虎の巻ということになっている。

献立日記・一冊め

〈昭和41年4月〜42年2月〉

昭和41年

4／22㈮
牛肉バタ焼き
そら豆の白ソースあえ
小松菜とかまぼこの煮びたし
若布の味噌汁

4／23㈯
豆ご飯
いわし丸干し
かまぼこ
春菊のおひたし
大根千切りの味噌汁

4／24㈰
〈外出・食事なし〉

4／25㈪
ぶり照り焼き
小松菜とかまぼこ煮つけ
煮豆
豆腐の味噌汁

4／26㈫
グリーンピースご飯
鳥のから揚げ
つまみ菜のおひたし
きゅうりの酢の物
豆腐、油揚げの味噌汁

4／27㈬
焼肉
ふき、筍付合せ
かぶの味噌汁

4／28㈭
えびフライ
そら豆の塩ゆで
酢の物
せり、油揚げの味噌汁

4／29㈮
鯛塩焼き
うど、きゅうりの酢の物
煮豆
わかめの味噌汁

4／30(土)
牛肉、ピーマン油炒め
そら豆塩ゆで
黒玉子
かぶの味噌汁

5／2(月)
鯛塩焼き
グリーンピースご飯
竹輪、小松菜煮つけ
豆腐の味噌汁

5／3(火)
鳥の黄金揚げ
貝柱のぬた
さつま芋の甘煮
そら豆塩ゆで
はんぺんの味噌汁

5／4(水)
朝鮮焼き
せり胡麻あえ
煮豆
わかめの味噌汁

5／5(木)
ひとくちカツ
そら豆
うど、きゅうり酢の物
かぶの味噌汁

5／6(金)
鳥、野菜炒め煮
グリーンピースご飯
ほうれん草のおひたし
油揚げ、ねぎの味噌汁

5／7(土)
豚、しょうが醤油焼き
筍、ふき煮つけ
鮭
ねぎ、青柳ぬた
豆腐の味噌汁

5／8(日)
グリーンピースご飯
かつお土佐づくり
ふき、厚揚げ煮つけ
おすまし

5／1(日)　記載なし

5／9㈪
粉絲湯（春雨スープ）
黒玉子
ほうれん草、油揚げ煮つけ
筍、わかめおすまし

5／10㈫
まぐろのお刺身
そら豆塩ゆで
鳥もつしょうが煮つけ
豆腐の味噌汁

5／11㈬
牛肉バタ焼き
ふき、はす、こんにゃく煮つけ
そら豆の白ソースあえ
油揚げ、ねぎの味噌汁

5／12㈭
天ぷら
麩の味噌汁

5／13㈮
かつお土佐づくり
ほうれん草のおひたし
大根の味噌汁

5／14㈯
豚肉のひとくちカツ
グリーンピースご飯
きんぴらごぼう
わかめの味噌汁

5／15㈰
かにの玉子巻揚げ
新じゃがのベーコン煮
しじみの味噌汁

5／16㈪
焼肉（牛肉、新玉ねぎ、さつま芋、とうがらし、大根おろし）
そら豆塩ゆで
大根の味噌汁

5／17(火)
赤飯
鯛
春巻
鳥、野菜炒め
わかめの味噌汁

5／18(水)
粉絲湯（春雨スープ）
鯛
大根の味噌汁

5／19(木)
鳥から揚げ
グリーンピースご飯
焼鯛のあっさり煮
小松菜、油揚げ煮もの
にら、油揚げの味噌汁

5／20(金)
ビフテキ
新じゃが丸揚げチーズかけ
玉ねぎスープ

5／21(土)
さやえんどうと紋甲いかの炒めもの
黒玉子
煮豆
豆腐の味噌汁

5／22(日)
グリーンピースご飯
牛肉朝鮮焼き
新じゃがチーズかけ
玉ねぎスープ

5／23(月)
えびフライ
そら豆塩ゆで
ひじき、油揚げ煮もの
豆腐の味噌汁

5／24(火)
グリーンピースと豚肉炒め煮
切干し大根、油揚げ煮もの
きゅうり、くらげの酢の物
わかめの味噌汁

5／25（水）
鯛塩焼き
なす丸揚げおろしかけ
わさび漬け
大根、ねぎのかす汁

5／26（木）
グリーンピースご飯
新わかめの茶碗むし
なすと牛肉煮つけ
きゅうり、鳥ささみ、くらげの酢の物

5／27（金）
かつおの煮つけ
そら豆の白ソースあえ
ほうれん草のおひたし
豆腐の味噌汁

5／28（土）
豚のヒレ肉のひとくちカツ
なす焼き
しじみの味噌汁

5／29（日）
ビフテキ
じゃが芋丸揚げ
そら豆
ほうれん草ごまあえ
豆腐の味噌汁

5／30（月）
あじ塩焼き
さつま芋甘煮
きゅうり、くらげの酢の物
切干し、油揚げ煮つけ
長ねぎの味噌汁

5／31（火）
すきやき
紋甲いか塩焼き
わかめの味噌汁

6／1（水）
グリーンピースご飯
かつおの煮つけ（針しょうが）
塩鮭（わさび）
大根千切りの味噌汁

6／2(木)
鳥から揚げ
さやいんげん、油揚げ、春菊煮つけ
にらの味噌汁

6／3(金)
焼肉
新じゃが煮つけ
油揚げ、ねぎの味噌汁

6／4(土)
えびフライ
新じゃが丸揚げ
春菊のごまあえ
油揚げ、にらの味噌汁

6／5(日)
天ぷら
大根の味噌汁

6／6(月)
すきやき
きゅうり、くらげ酢の物
わけぎ、油揚げの味噌汁

6／7(火)
鯛めし
紋甲いか、わかめぬた
うずらの玉子と春雨のおすまし

6／8(水)
とんかつ
じゃが芋揚げ
きゅうり、くらげの酢の物
大根千切りの味噌汁

6／9(木)
グリーンピースご飯
牛肉朝鮮焼き
にんじん、こんにゃく白あえ
わかめの味噌汁

6／10㈮
かつお煮つけ
なすの田楽
そら豆の白ソースあえ
ひじき煮つけ
豆腐の味噌汁

6／11㈯
グリーンピースご飯
ビフテキ
新じゃが丸揚げ
玉ねぎスープ

6／12㈰
いり豆腐
わけぎのおひたし
丸干しとかまぼこ
わかめの味噌汁

6／13㈪
鯛のムニエル
グリーンピースご飯
なすと牛肉の煮もの
かまぼこ
ねぎと麩の味噌汁

6／14㈫
鳥から揚げ
煮豆
かまぼこ
いか、きゅうりの酢の物
大根の味噌汁

6／15㈬
かつおの煮つけ
そら豆の白ソースあえ
さつま芋甘煮
わかめの味噌汁

6／16㈭
牛肉のすきやき
大根千切り、油揚げ煮つけ
にらの味噌汁

6／17㈮
天ぷら（いか、新ごぼう、さつま芋）
なす、牛肉煮合せ
豆腐の味噌汁

6／18(土)
ひとくちカツ（きゃべつ、トマト、さつま芋のから揚げ付合せ）
そら豆の白ソースあえ
きゅうりと春雨、ハムの酢の物
にらと豆腐の味噌汁

6／19(日)
鯛のムニエル（白ソースかけ）
グリーンピースご飯
焼きなす（かつお節かけ）
大根千切りの味噌汁

6／20(月)
焼肉（バタ焼き）
ポテト丸揚げ（チーズかけ）
フルーツサラダ
玉ねぎスープ

6／21(火)
ちらしずし
鳥のおすまし

6／22(水)
すきやき
七色なます
さつま芋甘煮
油揚げ、ねぎの味噌汁

6／23(木)
かつおの煮つけ
枝豆の塩ゆで
ひじき煮もの
鳥、きゅうりの酢の物
豆腐、ねぎの味噌汁

6／24(金)
かます干物
鳥、野菜炒め
ほうれん草ごまあえ
なすの味噌汁

6／25(土)
焼肉
七色酢の物
油揚げ、豆腐の味噌汁

6／26(日)
鯛のあら煮
なすのはさみ揚げ
貝柱、きゅうりごま酢
豆腐の味噌汁

6／27(月)
ひらめの子煮つけ
かぼちゃ煮もの
さやいんげんのおひたし
油揚げ、ねぎの味噌汁

6／28(火)
鳥から揚げ
そら豆の白ソースあえ
くらげ、きゅうりの酢の物
竹輪、みつばの味噌汁

6／29(水)
えびフライ
かぼちゃ煮もの
春菊、油揚げ煮つけ
豆腐の味噌汁

6／30(木)
なすのはさみ揚げ
新わかめの茶碗むし
ほうれん草のごまあえ
くらげ、きゅうりの酢の物
豆腐、油揚げの味噌汁

7／1(金)
ポタージュ
なまり煮つけ
野菜サラダ

7／2(土)
焼肉
きゅうり、紋甲いかの酢の物
豆腐、油揚げの味噌汁

7／3(日)
天ぷら
大根の味噌汁

7／4(月)
牛バタ焼き
そら豆の白ソースあえ
鮎塩焼き
油揚げ、にらの味噌汁

7／5(火)
五目ずし
鳥、さらしねぎのおすまし

7／6(水)
とんかつ
アスパラゆで物
豆腐、油揚げの味噌汁

7／7(木)
グリーンピースご飯
焼肉おろしあえ
焼きなす
油揚げ、大根千切りの味噌汁

7／8(金)
天ぷら
枝豆の塩ゆで
豆腐の味噌汁

7／9(土)
すきやき
枝豆の塩ゆで
にんじん、こんにゃく白あえ
にら、油揚げの味噌汁

7／10(日)
鯛塩焼き
鳥、野菜のごま煮
枝豆
豆腐の味噌汁

7／11(月)
柳川鍋
さつま芋甘煮
すじ子
油揚げ、みょうがの味噌汁

7／12㈫
焼肉（きゃべつ、トマト、パセリ付合せ）
かぼちゃの甘煮
五目なます
豆腐、油揚げの味噌汁

7／13㈬
なすのはさみ揚げ
はんぺん焼き
焼きのり
大根千切りの味噌汁

7／14㈭
鳥の酒むし
さやいんげんの塩ゆで
かまぼこ
すじ子
さらしねぎスープ

7／15㈮
えび、ポテトフライ
かまぼこ
いくら
つまみ菜ごまあえ
あさりの味噌汁

7／16㈯
すきやき
枝豆塩ゆで
さつま芋甘煮
大根千切りの味噌汁

7／17㈰
五目ずし
枝豆塩ゆで
かまぼこ、ねぎの味噌汁

7／18㈪
ひらめの油焼き
さやいんげんのおひたし
かぼちゃの甘煮
大根千切りの味噌汁

7／19㈫
牛肉朝鮮焼き
焼きなす
きゅうりもみ
油揚げ、にらの味噌汁

7／20㈬
鳥から揚げ
枝豆塩ゆで
冷や奴
あさりの味噌汁

7／21㈭
牛肉となすの煮もの
枝豆のおろしかけ
にらと油揚げの味噌汁

7／22㈮
鯛塩焼き
きゅうりのごま酢あえ
にらのおひたし
レバーしょうが煮
大根の味噌汁

7／23㈯
牛のひとくちカツ
（さつま芋のから揚げ、きゃべつ、トマトの付合せ）
いんげん白ソースあえ
ひじき、油揚げの煮もの
豆腐の味噌汁

7／24㈰
柳川鍋
枝豆のおろしかけ
かまぼこ
いくら
豆腐の味噌汁

7／25㈪
すきやき
きゅうりと焼麩の酢の物
セロリ、油揚げの味噌汁

7／26㈫
焼肉
鮭
かまぼこ
わかめ、ねぎの味噌汁

7／27㈬
鳥の酒むし
鮭
冷や奴
ねぎの味噌汁

7／28㈭
鳥から揚げ
焼きなす
セロリの味噌汁

7／29㈮
焼肉おろしあえ
きんぴらごぼう
大根の味噌汁

7／30㈯
塩鮭
冷や奴
レバー焼き
大根の味噌汁

7／31㈰
〈お客様・中華料理（出前注文）〉

8／1㈪
鯛のムニエル
さつま芋甘煮
あさりの味噌汁

8／2㈫
鳥肉のすきやき
いんげんのおひたし
大根の味噌汁

8／3㈬
まぐろの山かけ
かぼちゃの甘煮
たらこ
さやえんどうの味噌汁

8／4㈭
牛肉の朝鮮焼き（きゃべつ付合せ）
枝豆の塩ゆで
まぐろのつけ焼き
油揚げ、セロリの味噌汁

8／5(金)
鳥レバーのすきやき
（ねぎ、しらたき）
鮭
豆腐の味噌汁

8／6(土)
うなぎ丼
鮭
変りお漬物
大根の味噌汁

8／7(日)
うなぎ
かぼちゃの甘煮
枝豆の塩ゆで
ごぼうの味噌汁

8／8(月)
牛カツ（きゃべつ、トマト付合せ）
鮭
豆腐、油揚げの味噌汁

8／9(火)
すきやき
とろろ芋の千切り
（かつお節かけ）
大根、油揚げの味噌汁

8／10(水)
鯛の塩焼き
なす焼き（いんげんをそえて味噌かけ）
しじみの味噌汁

8／11(木)
五目ずし
牛肉煮もの

8／12(金)
鳥から揚げ
焼きなすのとろかけ
わかめ、油揚げの味噌汁

8／13(土)
柳川鍋
枝豆の塩ゆで
鮭
大根の味噌汁

8／14(日)
天ぷら
鮭
セロリ、油揚げの味噌汁

8／15(月)
牛肉のすきやき
かまぼこ
しじみの味噌汁

8／16(火)
なすのはさみ揚げ
鮭
かまぼこ
大根千切りの味噌汁

8／17(水)
かます塩焼き
牛肉煮もの
納豆
大根、油揚げの味噌汁

8／18(木)
焼鳥
なすの忘れ煮
かまぼこ
わけぎ、油揚げの味噌汁

8／19(金)
あじの天ぷら
つまみ菜おひたし
しじみの味噌汁

8／20(土)
牛肉の朝鮮焼き
鮭
枝豆塩ゆで
セロリ、揚げ玉の味噌汁

8／21(日)
お赤飯
まぐろのお刺身
かぼちゃの煮もの
しじみの味噌汁

8／22(月)
鯛塩焼き
枝豆の塩ゆで
鮭
大根、油揚げの味噌汁

8／23(火)
牛肉バタ焼き
納豆
きゅうり、しらすぼしの酢の物
あさりの味噌汁

8／24(水)
柳川鍋
焼きなす
鮭
豆腐、油揚げの味噌汁

8／25(木)
牛肉バタ焼き
いんげん塩ゆで
玉ねぎ炒めもの
かぼちゃ甘煮
セロリ、油揚げの味噌汁

8／26(金)
五目ずし
若鳥すっぽん仕立おすまし

8／27(土)
鳥とモツのすきやき
さつま芋の甘煮
枝豆の塩ゆで
しじみの味噌汁

8／28(日)
枝豆ご飯
さわらの照り焼き
揚げ出し豆腐
油揚げ、ねぎの味噌汁

8／29(月)
まぐろのお刺身
わかめの味噌汁

8／30(火)
野菜と肉の炒めもの（ピーマン、椎茸、玉ねぎ、牛肉）
豆腐のから揚げ
しじみの味噌汁

8／31(水)
舌びらめのムニエル
かぼちゃの甘煮
きんぴらごぼう
油揚げ、セロリの味噌汁

9／1(木)
さんまの塩焼き
納豆
つまみ菜のおひたし
しじみの味噌汁

9／2(金)
すきやき
かぼちゃの甘煮
春雨、きゅうりの酢の物
大根の味噌汁

9／3(土)
さんま塩焼き
いんげんごまあえ
冷や奴
油揚げ、ねぎのかす汁

9／4(日)
〈お客様〉
うなぎ
枝豆おろしかけ
きも吸汁

9／5(月)
うなぎの茶碗むし
かぼちゃの甘煮
鮎の塩焼き
鮭
大根千切りの味噌汁

9／6(火)
焼肉（玉ねぎ、もやし）
さつま芋の甘煮
しじみの味噌汁

9／7(水)
五目ずし
豆腐、油揚げの味噌汁

9／8(木)
〈お客様〉
ビフテキ
サラダ
豆腐、なめこの味噌汁

9／9(金)
さんま塩焼き
豆腐の揚げ出し
ほうれん草のおひたし
わかめの味噌汁

9／10(土)
〈お客様〉
ビフテキ
サラダ
なめこの味噌汁

9／11(日)
天ぷら
きゅうり、春雨酢の物
豆腐の味噌汁

9／12(月)
牛肉となすの煮つけ
冷や奴
しょうがの酢づけ
いんげんのおひたし
大根の味噌汁

9／13(火)
〈外食〉

9／14㈬ 牛肉のすきやき（しらたき、長ねぎ） 煮豆 鮭 大根、油揚げの味噌汁	9／18㈰ しょうが入り酢ばす ご飯 かぼちゃ甘煮 さんま塩焼き しじみの味噌汁
9／15㈭ 鳥のひとくちカツ きゅうり、麩の酢の物（ごま酢） 納豆汁（大根、ねぎ）	9／19㈪ 牛肉ピーマン油炒め ほうれん草のおひたし 油揚げ、大根の味噌汁
9／16㈮ 鯛塩焼き 鮎塩焼き 野菜ごま煮 わかめの味噌汁	9／20㈫ しょうが入り酢ばす ご飯 鳥から揚げ 豆腐の味噌汁
9／17㈯ 焼肉（ピーマン、さつま芋、玉ねぎ） ひじきの煮もの 豆腐の味噌汁	9／21㈬ すきやき きゅうり、麩の酢の物 納豆汁

9／22(木)
鯛塩焼き
ねぎの酢味噌あえ
かぼちゃの甘煮
わかめの味噌汁

9／23(金)
鯛めし
茶筅なすの煮つけ
五目豆
豆腐の味噌汁

9／24(土)
ひらめのムニエル
大根のそぼろ煮
セロリ、油揚げの味噌汁

9／25(日)
牛肉朝鮮焼き
トマトのサラダ
五目豆
豆腐、油揚げの味噌汁

9／26(月)
さんま塩焼き
五色なます
牛肉しょうが佃煮
わかめの味噌汁

9／27(火)
天ぷら
五色なます
納豆汁

9／28(水)
牛肉とさやいんげんのバタ焼き
さつま芋甘煮
油揚げ、わけぎの味噌汁

9／29(木)
いかのお刺身（梅干のすり身）
なすと牛肉の煮もの
大根の味噌汁

9／30(金)
栗ご飯
わらさ照り焼き
枝豆おろしあえ
油揚げ、ねぎの味噌汁

10／1(土)
焼肉
さやいんげんのごま酢あえ
みょうが、油揚げの味噌汁

10／2(日)
栗ご飯
いかのおつくり
野菜のごま煮
なめこ、豆腐の味噌汁

10／3(月)
茶碗むし
枝豆のおろしあえ
大根と牛肉の煮もの
しじみの味噌汁

10／4(火)
すきやき
さつま芋甘煮
鮭
大根、油揚げの味噌汁

10／5(水)
かます干物
かまぼこ
里芋とこぶの煮もの
大根のかす汁

10／6(木)
牛肉となすの煮つけ
豆腐の揚げ出し（かつお節）
いんげんのごまあえ
わかめの味噌汁

10／7(金)
牛肉の朝鮮焼き
ぜんまい、油揚げの煮つけ
うずら豆
さつま芋、ねぎの味噌汁

10／8(土)
さんま塩焼き
たらこの山かけ
小松菜、油揚げ煮もの
しじみの味噌汁

10／9(日)
栗ご飯
牛肉のおろしあえ
野菜ごま煮
豆腐の味噌汁

10／10(月)
鳥から揚げ
肉、大根、里芋煮つけ
五色なます
ねぎ、油揚げのかす汁

10／11(火)
さんま塩焼き
いんげんのおひたし
煮豆
さつま汁

10／12(水)
鯛めし
かまぼこ
そうめん、椎茸のおすまし

10／13(木)
焼鳥（若鳥、モツ）
栗のふくめ煮
さやえんどうのおひたし
なめこ、豆腐の味噌汁

10／14(金)
かますの塩焼き
かぶの酒かす煮
納豆
栗のふくめ煮

10／15(土)
すきやき
菊の花のごま酢あえ
豆腐、油揚げの味噌汁

10／16(日)
鳥黄金揚げ
松茸ご飯
向付（赤貝、焼松茸、うど）
豆腐、ねぎ千切りのおすまし

10／17(月)
かます塩焼き
鳥、里芋、こんにゃく炒め煮
松茸の生醤油煮
大根千切りの味噌汁

10／18(火)
牛肉、なすの煮合せ
枝豆おろしあえ
わかめの味噌汁

10／19(水)
大根、牛の煮つけ
大根おろしといくら
栗のふくめ煮
なめこ、豆腐の味噌汁

10／20(木)
鯛油焼き（ムニエル）
ほうれん草ごまあえ
納豆
しじみの味噌汁

10／21(金)
牛肉朝鮮焼き
大根の煮つけ
いくらおろしかけ
わかめの味噌汁

10／22(土)
いかのお刺身（梅干のすり身）
鳥のバタ焼き
かぶと油揚げの酒かす煮
山芋の味噌汁

10／23(日)
すきやき
さつま芋甘煮
大根の味噌汁
〈貞・お弁当〉
（いか照り焼き、ほうれん草他）

10／24(月)
五目ずし
ほうれん草、油揚げの煮つけ
若鳥のすっぽん仕立
おすまし

10／25(火)
いわし丸干し
枝豆ご飯
輪切り大根の煮もの
きんぴらごぼう
しじみの味噌汁

10／26(水)
鯛塩焼き
野菜炒め煮（里芋、にんじん、鳥肉）
納豆汁

10／27(木)
すきやき
枝豆のおろしあえ
わかめの味噌汁

10／28(金)
えびの煮つけ
いくら、大根のおろしあえ
春雨ごまあえ
大根の味噌汁

10／29(土)
五目ずし
ビーフン、焼麩のごま酢あえ
若鳥のすっぽん仕立
おすまし

10／30(日)
赤飯
野菜のごま煮
きゅうり、いかの酢の物
豆腐の味噌汁

10／31(月)
鳥から揚げ
切干し大根、油揚げの煮もの
かまぼこ
豆腐、ねぎの味噌汁

11／1(火)
栗ご飯
ぶり照り焼き
ひじき、油揚げの煮もの
大根の味噌汁

11／2(水)
いか、たこのお刺身(梅干のすり身)
いかと里芋の煮つけ
豆腐の味噌汁

11／3(木)
すきやき
きゅうり、たこ酢の物
大根、里芋の味噌汁

11／4(金)
天ぷら
たこのぬた
豆腐の味噌汁

11／5(土)
魚すき(椎茸、ねぎ、白菜、ほうれん草、餅、豆腐)
ひじき、油揚げ煮もの
たらこ
大根、油揚げの味噌汁

11／6(日)
いかのお刺身(梅肉)
天ぷら(えび、さつま芋、のり)
納豆汁

11／7(月)
かに雑炊
大根、油揚げの味噌汁

11／8(火)
鳥雑炊
わかめの味噌汁

11／9(水)
かに雑炊
さつま芋天ぷら
しじみの味噌汁

11／10(木)
牛肉の水たき（ねぎ、春菊、牛肉、餅）
豆腐、油揚げの味噌汁

11／11(金)
牛肉、大根煮つけ
しめさば
さばの味噌煮
えのき茸の味噌汁

11／12(土)
牛肉のバタ焼き
きんぴらごぼう
豆腐の味噌汁

11／13(日)
鳥雑炊
さつま芋甘煮
しじみの味噌汁

11／14(月)
鯛油焼き（ムニエル）
さつま芋天ぷら
大根、油揚げの味噌汁

11／15(火)
シチュー
大根、生揚げの煮もの
セロリ、油揚げの味噌汁

11／16(水)
まぐろのお刺身
茶碗むし
豆腐の味噌汁

11／17㈭
シチュー
牛うどん

11／18㈮
ぶり照り焼き
大根のそぼろあんかけ
春菊おひたし
豆腐となめこの味噌汁

11／19㈯
ひらめ油焼き
さつま芋甘煮
小松菜、油揚げの煮つけ
わかめの味噌汁

11／20㈰
鳥肉のすきやき
たらこ
豆腐と油揚げの味噌汁

11／21㈪
シチュー
鮭
しじみの味噌汁

11／22㈫
まぐろのお刺身
かきのレモン酢
切干し大根、小松菜、油揚げの煮びたし
大根の味噌汁

11／23㈬
ねぎま鍋
さつま芋甘煮
小松菜、油揚げのかす汁

11／24㈭
鳥肉のすきやき（鳥をたたいたもの、焼豆腐、しらたき、ねぎ）
さつま芋甘煮
なめこの味噌汁

11／25㈮
〈恭〉お刺身
〈貞〉しめさば
さばの味噌煮
大根おろし、しらすぼし
豆腐の味噌汁

11／26㈯
〈恭〉ねぎま鍋
〈貞〉しめさば
大根のかす汁

11／27㈰
まぐろの山かけ
野菜のごま煮
赤貝、きゅうり酢の物
なめこ、豆腐の味噌汁

11／28㈪
〈恭〉小松菜と竹輪の煮つけ
〈貞〉シチュー
たらこ
大根おろしとしらすぼし
湯豆腐

11／29㈫
〈恭〉おかゆ、梅干
しじみの味噌汁
〈貞〉あじ干物
さつま芋甘煮
油揚げ、大根、にんじんの煮もの
しじみの味噌汁

11／30㈬
〈恭〉おかゆ、梅干
かまぼこ
たらこ
しじみの味噌汁
〈貞〉鳥から揚げ
竹輪、白菜の煮もの
煮豆
しじみの味噌汁

12／1㈭
〈恭〉おかゆ、梅干
大根おろしとしらすぼし
〈貞〉あじ干物
いか塩辛
しじみの味噌汁

12／2㈮
鯛のお刺身
ほうれん草のおひたし
かぼちゃ煮つけ
しじみの味噌汁

12／3㈯
〈恭〉おかゆ
むしがれい
かまぼこ
かぼちゃの甘煮
〈貞〉鮭
かぼちゃの甘煮
しじみの味噌汁

12／4㈰
鯛ちり鍋
かまぼこ
しじみの味噌汁

12／5㈪
むしがれい
大根と油揚げの煮つけ
やき板
しじみの味噌汁

12／6㈫
鯛のお刺身
むしがれい
きゅうり、赤貝の酢の物
しじみの味噌汁

12／7㈬
野菜のごま煮
かぼちゃの甘煮
竹輪とほうれん草の煮つけ
いかのかす漬け
しじみの味噌汁

12／8㈭
茶碗むし
湯豆腐
ほうれん草のおひたし
しじみの味噌汁

12／9㈮
茶めし
おでん
春菊のおひたし
しじみの味噌汁

12／10㈯
五目ずし
かぼちゃ甘煮
鯛のすっぽん仕立おすまし

12／11㈰
茶めし
ひらめホワイトソース
かまぼこ
しじみの味噌汁

12／12㈪
鯛ちり鍋
さつま芋甘煮
しじみの味噌汁

12／13㈫
いかのかす漬け
春菊のごまあえ
大根と牛肉の煮もの
なめこの味噌汁

12／14㈬
鯛、まぐろのお刺身
湯豆腐
ほうれん草のおひたし

12／15㈭
ひらめのむし魚（いんげん、粉ふき芋付合せ）
ひじきと油揚げの煮つけ
輪切り大根と牛肉の煮もの
納豆汁

12／16㈮
毛がにの三杯酢
かぼちゃの煮つけ
しじみの味噌汁

12／17㈯
茶めし
天ぷら
しじみの味噌汁

12／18㈰
うなぎ
白いんげん
七色なます
肝吸

12／19(月)
かます干物
あじ干物
かまぼこ
ほうれん草ごまあえ
納豆
しじみの味噌汁

12／20(火)
茶めし
鯛のかす漬け
うなぎ
ひじき、油揚げ煮もの
煮豆
しじみの味噌汁

12／21(水)
ちらしずし
豆腐となめこのおすまし

12／22(木)
あじ干物
牛肉と輪切り大根煮もの
たらこ
しじみの味噌汁

12／23(金)
〈恭・外食〉
〈貞・お弁当〉
五目ご飯

12／24(土)
伊勢えびのお刺身
伊勢えびぐそく煮
七色なます
しじみの味噌汁

12／25(日)
伊勢えびのマヨネーズ
フルーツサラダ
じゃが芋から揚げ
豆腐の味噌汁

12／26(月)
伊勢えびぐそく煮
うなぎ
煮豆
春菊のごまあえ
わかめの味噌汁

12／27㈫
鯛ちり鍋
煮豆
わかめの味噌汁

12／28㈬
天ぷら
わかめの味噌汁

12／29㈭
茶めし
おでん
煮豆
わかめの味噌汁

12／30㈮
まぐろの山かけ
大根、牛肉煮合せ
小松菜のおひたし
しじみの味噌汁

12／31㈯
〈食事なし〉

昭和42年

1／4㈬
かます干物
とろろ芋千切り（かつお節かけ）
煮豆
わかめの味噌汁

1／5㈭
かます干物
湯豆腐（春雨、ねぎ）
鳥ささみの付焼き（ごまかけ）
わかめの味噌汁

1／6㈮
天ぷら
しじみの味噌汁

1／7㈯
鳥肉（ささみ）すきやき
かます干物
わかめの味噌汁

1／8㈰
まぐろの山かけ
かます干物
ほうれん草のおひたし
しじみの味噌汁

1／9㈪
ひらめ油焼き（いんげん塩ゆで付合せ）
とろろ芋の千切り（かつお節かけ）
わかめの味噌汁

1／10㈫
茶めし
おでん
きんぴらごぼう
しじみの味噌汁

1／11㈬
切りたんぽ（せり、油揚げ、椎茸、鳥ささみ、ねぎ、ごぼう）
大根の味噌汁

1／12(木)
ぶり照り焼き
とろろ芋千切り（かつお節かけ）
しじみの味噌汁

1／13(金)
天ぷら
大根の味噌汁

1／14(土)
切りたんぽ（せり、油揚げ、椎茸、鳥ささみ、ねぎ、ごぼう）
わかめの味噌汁

1／15(日)
まぐろ、いかのお刺身
野菜ごま煮
とろろ汁

1／16(月)
鯛ちり（せり、しらたき、ねぎ、豆腐）
しじみの味噌汁

1／17(火)
うどんすき（切りたんぽと同じ）
わかめの味噌汁

1／18(水)
ひらめ油焼き
とろろ芋千切り
大根の味噌汁

1／19(木)
あじ干物
豆腐の揚げ出し
納豆汁

1／20(金)
お茶漬け（塩こんぶ、鮭、漬けもの）

1／21(土)
天ぷら（さつま芋、えびのかき揚げ）
しらすぼし
岩のり
わかめの味噌汁

1／22(日)
天ぷら（さつま芋、えびのかき揚げ）
大根と鳥肉のあんかけ
煮豆
うど、わかめ酢の物
納豆汁

1／23(月)
茶めし
おでん
うど、わかめ酢の物
わかめの味噌汁

1／24(火)
むつの子煮つけ
ひじきの煮もの
豆腐の味噌汁

1／25(水)
切りたんぽ
うどんすき
わかめの味噌汁

1／26(木)
ぶり照り焼き
さつま芋から揚げ
（角切）
うど、わかめ酢の物
しじみの味噌汁

1／27(金)
焼餅鍋（餅、野菜）
豆腐の味噌汁

1／28（土）
鯛めし
春雨とわかめ酢の物
鳥ささみ、そうめん、椎茸、みつばのおすまし

1／29（日）
天ぷら（えび、さつま芋）
小松菜、かまぼこの煮つけ
しじみの味噌汁

1／30（月）
鯛塩焼き
大根と鳥肉のあんかけ
わかめの味噌汁

1／31（火）
たこのお刺身
豆腐揚げ出し
しじみの味噌汁

2／1（水）
うなぎ
わかめ、たこ酢の物
煮豆
きも、みつばのおすまし

2／2（木）
えび、さつま芋のかき揚げ
小松菜と油揚げの煮もの
大根おろしとしらすぼし
大根千切りの味噌汁

2／3（金）
うなぎ
茶碗むし
たこ、きゅうり酢の物
わかめの味噌汁

2／4（土）
まだらの子煮つけ
小松菜、油揚げ煮もの
大根おろしとしらすぼし
セロリの味噌汁

献立日記あれこれ

朝ごはん

毎日、夕食だけを書いていた献立日記に、朝食もつけるようになったのは二冊目（四十二年）である。無地のノートを横四段、縦三本に区切り、左端に日附、中央に夕食、右端に朝食——と一ページに四日分ずつ書くことにした。

どんなに忙しいときでも、わが家では、かならず朝食をとった。なんの仕事も、おなかがすいてはうまくゆかない。ことに俳優は、満腹もいけないけれど、空腹もダメ。腹六分目ぐらいでないと、芝居は出来ない。そのことを痛切に感じたのは、その頃、つづけて大船撮影所へ通っていたせいだと思う。当時はたしか「紀ノ川」の撮影がながびいていた。毎日、たいてい九時開始——ということは、それまでに、その役の仕度をすっかりととのえて、セットへはいることだった。朝は裏方さんが忙しかった。髪を結い、化粧をととのえ、衣裳《いしょう》を着るのに一時間はかかった。私の家から大船まで一時間半。八時に撮影所の門をくぐるためには、六時半に家を出なければならないから、五時半起床、六時朝食、ということになる。

低血圧の私は、なんとも朝が辛かったけれど、それでも何とか床から離れ、雑用で身体《からだ》を動かしてから、朝食をとる——自分でそう決めていた。機嫌の悪い胃袋を、だましたりすかしたりするために、いろんな野菜や玉子など放りこんだ雑炊が多かったけれど、それでも、おなかにものがはいれば、身体がしゃんとした。

その代り、朝おそい日は、軽くて栄養のあるものを、ゆっくり楽しんだ。おいしいパンに濃いめの牛乳をたっぷり。玉子は半熟のゆで玉子、目玉焼き、オムレツなど、姿かたちをかえるようにした。ことに気をつけたのは野菜だった。ジャガ芋、人参、きゅうりにハムを賽《さい》の目に切り、マヨネーズであえてレタスの上に形よく盛った次の日は、緑と紫のきゃべつ、きゅうりの細切りを赤いトマトの輪切りで囲み、ドレッシングを添えたりして、なんとか見た眼を美しく——つい、箸が出るように工夫した。

それでも、齢を重ねるにつれて量が減ってくるし、固いものは残したりする。それなら果物もまぜて——と、レタス、トマト、バナナ、キウィフルーツ、人参、大根、パセリなど、と冷蔵庫にあるものを手当り次第、ほんのすこしずつ、お皿に盛ったところは、まるで子供のままごとみたい。きゃべつや玉ねぎをハム、ベーコンなど合い性のいいものといためることもある。

この七、八年、パン食が多くなったけれど、週に一、二度は、炊きたてのご飯におみおつけ、海苔《のり》に納豆、干物にお漬物など——宿屋ふうにしてみたり、寒い朝は餅入りの白がゆ、さつま芋の芋がゆ、鶏肉とみつばの雑炊などと、あれこれ気をかえる。ときには、朝から、ざるそば、きつねうどん、スパゲッティーなどと、家人の註文に応じることもある。

とにかく——朝ごはんをゆっくり食べると、その日一日、なにかいいことがありそうな気がするから、面白い。朝飯は、夕飯同様、わが家の大切な行事である。

昭和42年

7／17(月)	なまりとなすの煮つけ 枝豆の大根おろし酢あえ さつま芋甘煮 わかめの味噌汁	
7／18(火)	揚げなすそぼろあんかけ 枝豆のおろしかけ そうめんのスープ	朝のサラダ きゅうり、セロリ、トマト乱切り 玉ねぎみじん切り
7／19(水)	すずきの油焼き（いんげん） 納豆 きんぴらごぼう 大根、油揚げの味噌汁	朝のサラダ セロリ、もも、トマト乱切り、きゃべつ、 きゅうりの細切り
7／20(木)	えびフライ（きゃべつ、ポテト） かまぼこ いんげんのごまあえ 揚げ豆腐の味噌汁	朝のサラダ きゅうり、玉ねぎ輪切り、大根、にんじん千切り

7／21(金)	吉野鳥（きゅうり、トマト） 冷や奴 塩鮭 なすの味噌汁	朝のサラダ いんげん、きゅうり、トマト、マヨネーズあえ
7／22(土)	ビフテキ（いんげん付合せ） トマト、玉ねぎサラダ かまぼこ わかめの味噌汁	朝のサラダ じゃが芋、きゅうり、にんじん、マヨネーズあえ
7／23(日)	豚の角煮 いんげんのごまあえ くらげ、きゅうりの酢の物 玉子豆腐のおすまし	朝のサラダ レタス、きゃべつ、紫きゃべつ千切り トマト
7／24(月)	牛肉バタ焼き トマトにはさんだカニサラダ 大根、油揚げの味噌汁	朝のサラダ トマトの輪切り セロリ、いんげん拍子切り

献立ひとくちメモ

サラダの工夫

わが家の朝のサラダは、銘々の小さい器にいろんな野菜果物——例えばレタス、バナナ、りんご、梨、さつま芋、ピーマン、きぬさや、柚子の皮など、ほんの一口ずつ彩りよく盛り合せる。次の日はキャベツ、ベーコン、玉ねぎの炒めサラダ、その翌日は大根、にんじん、わかめ、ゴマのドレッシングあえなど、変化を心がければ、嫌いな野菜もいつの間にか口に慣れるから、嬉しい。

五目豆

子供のときから、私は豆が好きだった。学校から帰って、家の中にプーンと甘い煮豆の匂いがすると、とても嬉しかった。

台所の七輪の上で、お鍋がコトコトとやさしい音を立てている。母の煮る五目豆は、ほんとにおいしかった。

「豆は身体にいいんだよ。五目豆はほかの野菜もたっぷり食べられるからね」

そういう母に教えられた五目豆は、いまもわが家の常備菜の一つになっている。

なるべく新しい大豆カップ二杯を二倍の水と一つまみの塩に一晩つけておく。翌日、そのつけ水のまま、中火にかけ、煮立ったら弱火にして二、三時間ほど——ときどき、水を足しながら、気永に煮る。

その間に、それぞれ一センチ角ほどに切った、ごぼう、蓮根、こんにゃく、にんじんをカップ半杯ずつ用意する。マッチ箱くらいの昆布も四、五枚。鍋の大豆がやわらかくなったら、ごぼう、こんにゃくの順に入れ、二十分ほど煮てから、にんじん、蓮根、昆布をいれる。三、四十分ほどして、野菜もやわらかくなったら、醬油大さじ三杯ほどで味をつけ、十五分くらい煮てから、砂糖大さじ二杯をいれて、すぐ火をとめ、そのまましばらく含ませておく（味つけは食べる人の好みによる）。翌日まで、そのままおけば尚《なお》おいしく、野菜の嫌いな人も、けっこう喜んでくれる。

うにご飯

十冊目（四十八年）七月九日の晩の献立は、
○うにご飯
○かまぼこ
○とろろこぶのおすまし
と書いてある。

あの頃は、松竹映画「花と竜」につづいてテレビ朝日「黄色いトマト」「北国の女物語」、日本テレビ「百年目の恋」とめまぐるしく——かなりくたびれていた。

そんななかで、たまたま休みの日、私は「うにご飯」をこしらえることにした。料理の本を読んでいて、急に思い立ったのだった。雲丹《うに》は好物だけれど——それにしてもこの料理はいかにも手数がかかりそう……多少、ためらったあげく、あえて挑戦したのは、なんとなく、気分転換になるような気がしたからだった。とり合わせは、ぐっと手抜きをして、かまぼこにとろろこぶのおすましにした。

瓶詰《びんづめ》の雲丹一〇〇グラムをカップ二分の一のお酒と三個の玉子の黄身でとき、二重鍋をとろ火にかけ、焦《こ》げつかないように、つきっきりでゆっくり気永に煎《い》りあげる。ねっとりしたおだんごから、やがてサラサラした砂のようになるまでかれこれ二時間近くかかったが、塩少々と昆布をいれて炊いたご飯にまぜたようにご飯のおいしかったこと。家人も大喜びだった。

嬉しくなって——翌日、とりわけておいた雲丹の砂を温かいご飯にまぜ、黒塗りのお弁当箱にフンワリよそって、もみ海苔を添え、テレビ局へもっていった。

化粧室で、料理好きの結髪さんに、そのこしらえ方を少々得意顔で話していると、居合せたスターA子さんが、

「あら、それ、私にも教えて——彼、とても雲丹が好きなんです」

と熱心なこと。彼女は半年ほど前、その頃人気の高い二枚目スターと、豪華な結婚披露宴をすませたばかりだった。

何度も聞き返し、メモもとり、味みもして——これでレパートリーが一つふえた、と喜んでいた彼女から、翌週、結髪さんを通して私に言伝《ことづ》てがあった。

思ったとおり、彼はきれいなうにご飯をとても喜んでくれたが、

「君はどうして、こんな素敵な料理を知っているの？　誰かに教わったの？」

と言われて――つい、

「いいえ、私が自分で考えたのよ」

と、言ってしまった……らしい。

だから、ほんとうのことは、絶対、彼に言わないで――という話。次の週、私が彼のドラマに出演することを知っていたのだろう。もちろん、私は優しい彼女を裏切ったりはしなかった。彼は、しきりに新妻の料理上手を自慢していた。

それから何年かたって――いろんなことがあったらしく、二人は別れてしまった。

その後、仕事場でA子さんと何度か一緒になったけれど、もう、料理についてきかれることはなかった。

（うにご飯なんて、あんな手数のかかるもの――二度といや……）

もしかしたら、心の中で、今はそう思っているかも知れない。

7／8(日)	ローストビーフ（粉ふき芋、いんげん） 玉ねぎサラダ（玉ねぎ、ピーマン、トマト、からし入りドレッシング） 冷たいコンソメスープ（マッシュルーム） 枝豆ご飯	〈朝〉 レタス、セロリ、きゅうり、アスパラ、トマト、バナナ、レモン、レーズン ゆで玉子
7／9(月)	うにご飯 かまぼこ とろろこぶのおすまし	〈朝〉 レタス、セロリ、きゅうり、パセリ、バナナ、もも、レーズン パン、紅茶 ベーコン・エッグ
7／10(火)	鳥肉の照り焼き 鮭 かぼちゃ甘露煮 大根千切りの味噌汁	〈朝〉 レタス、セロリ、きゅうり、トマト、グリーンアスパラ、みかん ゆで玉子 パン、牛乳 〈お昼・手のばし冷やむぎ〉
7／11(水)	カレーライス 冷たい玉ねぎスープ（パセリ） サラダ（レタス、セロリ、きゅうり、バナナ、トマト、りんご、もも）	〈朝〉 おかゆ たらこ かまぼこ 梅干 漬物

献立ひとくちメモ

蒸しご飯

ご飯は一度に沢山炊いた方がおいしいのに、わが家の夕飯は一合五勺《しゃく》だからむずかしい。ときには三合炊いて、残りご飯を翌日、蒸したりする。蒸し器の水が多すぎないこと、その水に一つまみの塩をいれること。冷たいご飯はよくほぐして蒸し器に入れ、蓋《ふた》の下に乾いた布巾《ふきん》をはさみ――初め強火、煮立ったら弱火にしてゆっくり蒸しあげると、けっこう炊き立てのようなご飯が食べられる。

ぜいたく

十冊目（四十八年）の秋からの献立日記に、急に魚料理がふえている。知り合いの紹介で江の島の魚屋さんが週二回、その朝とれたものをかついできてくれることになったからである。

九月十八日
○いなだのおさしみ
○車えびの塩やき（すだち）
○うどと若布の三杯酢
○おみおつけ（しめじ、ゆず）
その翌日、九月十九日
○天ぷら（車えび、あおりいか、さつま芋、セロリ、いんげん、にんじん、のり）
○春菊のおひたし

○おみおつけ（ゆば、椎茸）
と書いた字が、なんとなくいきいきしている。その頃はテレビの連続ものがあれこれ忙しく、ともすると同じような肉料理が多くなっていたので、新鮮なお魚は嬉しかった。

「おさしみって、こんなにおいしかったかねえ」

老夫婦は顔を見合せたものだった。

それ以来、夏場を除いて、いまだにずっと季節の魚を威勢よく運んできてくれるが
――こちらが調子にのって、

「ついでに、そっちのひらめと、車えびをもうすこし……」

と欲張ったりすると、

「お宅の人数で、それじゃ多すぎますよ、古い魚食べるくらいなら、肉にした方がいい」

とさっさと片づけてしまうから、面白い。

漁がすくなくて、値が張る日は、

「これじゃ気の毒で……売りにくくていやになる」

などとブツブツ言うけれど、品物はいつも上々、つい、

「うちはおいしいものを食べるだけが楽しみなのだから、すこしくらい高くてもいいのよ。その鮑《あわび》、もう一つ……」

ということになってしまう。

ほんとに——ほかに道楽はない。住むところはこぎれいなら結構。着るものはこざっぱりしていれば、それで満足。貴金属に興味はないから指輪ははめないし、貯金通帳の0を数える趣味もない。いわば、ごく普通のつましい暮らしをしている。ただ——食物だけは、多少ぜいたくをさせてもらっている。

あれはたしか、五十三年のテレビ朝日「悪女」の宝石屋のシーンだった。本物の宝石屋さんがセットへ来ていて、美術部の人に紹介された。中年の、実直そうな人だった。

お昼休み、個室で食事をすましたところへその人が見えた。何故《なぜ》か、私を宝石好きと思いこんでしまったらしく——是非、ちょっとお話をしたい、と言う。

「お休みのところを申し訳ございませんが、丁度、先生（私のこと）にピッタリの石がございまして、よろしかったら、おめにかけたいと思いまして……ご存知でござい

ましょうが、本当に上質のダイヤと申しますのは……」

いんぎんな物腰で、話はどうやら長引きそう――。こちらは次のシーンのことが気になるし、つい、

「折角ですけれど、私はダイヤを食べてしまうんです」

「ハ？……」

「いえ、食いしん坊だもんですから……」

相手は一瞬キョトンとして――それから、あわてて帰ったけれど……あの宝石屋さん、わけがわからなかったのではないだろうか。

こちらはなにしろ庶民だから、あんまりぜいたくなものを食べたりすると、今日《こんにち》さまに申し訳なくて気がひける。そんなときに――まあいいでしょう、ダイヤの指輪一つ買ったと思えば――と自分に言いわけするのが癖になっている。おかげで、いつも、気楽においしいものが食べられる、という仕掛けなのだけれど――ちょっと、おかしいかしら。

昭和48年

9／18㈫	いなだのおさしみ（わさび） 車えび塩やき（すだち） うどと若布の三杯酢 しめじの味噌汁（ゆず） 魚屋来る（いなだ、車えび、あおりいか）	〈朝〉 パン サラダ（レタス、バナナ、みかん〈缶〉、ほしぶどう、トマト） 〈お昼・外出〉 コーヒー、ぶどう
9／19㈬	天ぷら（車えび、あおりいか、さつま芋、セロリ、いんげん、にんじん、のり） 春菊のおひたし 味噌汁（ゆば、椎茸）	〈朝〉 バターロール サラダ（レタス、セロリ、きゅうり、みかん、トマト、レモン） ゆで玉子 〈おやつ〉エクレア、紅茶
9／20㈭	牛肉となすの煮つけ 枝豆のおろしあえ かまぼこ（焼きいた） わかめの味噌汁（ゆず）	〈朝〉 バターロール サラダ（レタス、枝豆、セロリ、バナナ） 〈おやつ〉揚げ餅
9／21㈮	チャーシューめん（生中華そば、焼きぶた、もやし、ねぎ） たたみいわし 春菊のおひたし	〈朝〉 バターロール サラダ（レタス、カリフラワー、トマト、きゅうり、レーズン、レモン） 〈おやつ〉ゆであずき

献立ひとくちメモ

お裾《すそ》分《わ》け

お豆腐好きのわが家へ、経堂の呉服屋、井筒屋が築地の西川屋の出来たてを届けてくれる。私はすぐ三軒茶屋の友達にも電話――彼女は、ついでに息子の京都土産、すぐきの漬物を持ってきてくれる。生み立て玉子を届けてくれる駒場の友達には油揚げを少々わける。好きなものも多すぎては、年寄りは持てあます。お裾分けはお福分け――互いにあれこれ分け合う楽しさ……心が豊かになる。

手料理

十冊目（四十九年）からは、左端の日附の下に、ちょっとした心おぼえを書いている。「仕事」というのは、その日、私がお弁当を持っていったというしるし。「お客さま」はお友達に手料理をさしあげた、ということ。「植木屋さん」「大工さん」などは、十時、三時のおやつを出したことである。

ずっと以前から、私はいつも仕事場へお弁当を持っていった。近ごろはどこへ行っても食物に不自由はしないけれど、あんまり胃腸が丈夫ではないし、齢《とし》とともに、好きなものを少しだけ——という思いがますます強くなり……つい、自分でこしらえたものを持ってゆく。休み時間にひとりゆっくり出来るのも、そのお弁当のおかげである。ホームドラマなどで一日中、顔つき合わせている若い俳優さんたちも、食事どきだけはホッとさせてあげなければ……姑《しゅうとめ》役の老女優は何かと気を使う。

四十七年——久しぶりの芸術座公演「濹東《ぼくとう》綺譚《きたん》」のときも、お弁当を抱えて通った。

その頃は休みの日のない二ヶ月興行、昼夜二回の芝居で、かなりくたびれた。入れ替えの休み時間、個室で好みのお茶をいれ、自分でこしらえてきたお弁当をひろげるのがなによりの楽しみだった。

ある日、そんなところへ来合せた、ほかの女優さんのごひいき客が、翌日、

「ここのお料理は有名ですから、是非召上って下さい」

という口上といっしょに、近くのお店の三つ重ねのお弁当をさし入れて下さった。もしかしたら、ひとり、手製のものを食べている老女優に同情して下さったのかも知れない。丁重にお礼を言ったけれど——私の癖はその後も直らなかった。老齢につき、五十三年の帝劇公演「紀ノ川」を最後に舞台出演をやめるまで——お弁当持参だった。

ときどき、ごく親しいお客さまに手料理をおすすめするのは——自分たちが、気楽な食事をしたいからである。箸をうごかしながらのおしゃべりも、まわりに気をつかわずにすむ。つい、齢と共に、外食が減ってきた。

それにしても、お客さまにお出しするのは、ほんのあり合わせのおそうざい。それを機嫌よく召し上がって下さるのは、

「ご苦労さま」

という、いたわりのお気持――せめて、お嫌いなものは出さないように気をつけている。

「ここのうちのご飯はうまい」

と賞《ほ》めて下さるときは――炊き方のせいも多少はあるだろうけれど、それより、ご飯茶碗へのよそい方ではないかしら。丁度よくむらした炊きたてのご飯を、しゃもじでホンのすこしずつ、フンワリ盛るのが何より――いつだったか、おいしい、と評判の親子丼を売る店では、ホークでご飯を丼へ盛っている、ときいた。ご飯も酸素をたっぷり吸うと、ぐっと味がよくなるらしい。そう言えば、昔、鉄のお釜から木のお櫃《ひっ》へご飯をうつすとき、

「すこうしずつ、そっとだよ」

と、よく母に注意された。茶碗によそえば、それでいいでしょう――というわけにはゆかないらしい。

植木屋さんや大工さんたちの朝十時のおやつは、あげもちを出すことが多い。お正月のお供えをこまかく割って、よくよく干したものをたっぷりの油であげる。はじめはごくぬるい油でゆっくり――中の方までやわらかくなるのを待って、今度は強火で

こんがり、きつね色にすれば芯までこうばしい。三時にはようどんかけをこしらえる。ひまな日に、思い切って多量の昆布とけずりたての鰹節《かつおぶし》をサッと煮立てて一番だしをとり――あとはもう一度ゆっくり煮出して二番だしをこしらえておく。冷めたら、それぞれ瓶につめて冷蔵庫へいれておけば、急ぎの場合に間に合う。一番だしに酒、みりん、醬油で適当に味つけしたうどんかけに二番だしで濃いめに煮こんだ油揚げをいれ、きざみねぎを添えれば、親方も若い衆もきれいに食べてくれる。こちらが忙しいときは、そんなてまひまかけないでも――と家人に笑われるけれど――永年の癖はなおらない。

この間、門の前を掃除していたら、若い人にビラを渡された。小料理屋さんの新装開店――どうやら、駅の向うらしい。

天丼、親子丼、特製鍋やき……。背の高い青年は、品書きを見ている私を、上からのぞきこむように、

「お宅は店屋物《てんやもの》とらないからダメだって、親父が言ってたけど……ほんと？　ま、そのうち、いっぺん註文してみて下さいよ、うちはうまいんだから――ほんと。いつまでも自分でやるわけにゃゆかないでしょ、ほんと――電話一本かけりゃあ、あっと言

う間に持ってきますからね、ほんと、ほんと——おねがいしまーす」

ニッコリ笑ってスタスタと坂を降りて行くうしろ姿を、私はしばらく見送っていた。ほんと、ほんと——たしかに、そろそろ家事にもくたびれる齢である。いずれそのうち、註文しましょう……でもそれまで、もうすこしだけ、自分で好きなようにやらせて下さいな、ほんと、ほんと——おねがいしまーす。

昭和58年

6／18(土)　曇ときどき小雨
すきやき（牛肉〈ハセ甚〉、ねぎ、椎茸、ゆば、小松菜、うどん）
たらこ
わかめ、しらすの三杯酢
みょうがの味噌汁
〈貞〉－仕事〈弁当〉
夏ずし、こんにゃく、小かぶ・きゅうりの漬物
〈朝〉
食パン、牛乳
サラダ（レタス、きゅうり、セロリ、バナナ、みかん、トマト）
目玉焼き
〈おやつ〉緑茶

6／19(日)　晴（24度）
甘鯛の味噌漬け
かまぼこ
いんげんのごまよごし
そら豆のふくめ煮
わかめ、油揚げの味噌汁
〈貞〉－仕事〈弁当〉
甘鯛の味噌漬け、すきやきのこり、たらこやきもの
〈朝〉
食パン、牛乳
サラダ（レタス、きゅうり、トマト、グレープフルーツ、バナナ）
むしやき玉子
〈おやつ〉緑茶、うすやきせんべいいろいろ

6／20(月)　曇（24・5度）
なまりとなすの煮つけ
湯豆腐
ちくわと小松菜のうす味煮
大根千切りの味噌汁
井筒屋さんより　焼豆腐、油揚げ、がんもどき到来（西川屋のもの）
〈朝〉
食パン、牛乳
サラダ（レタス、セロリ、バナナ、トマト、グレープフルーツ、グリーンアスパラ、キウイ）
目玉焼き
〈おやつ〉緑茶

お弁当のつくり方

三つの重ね、菱型《ひしがた》、小判型など塗物のお弁当箱を私は大切にしている。仕事に行く朝、その一つに彩りよくおかずをつめるのは結構楽しい。味噌漬けの鰆《さわら》、煮こんだ里芋——夕飯の残りの貝柱のかき揚げもちょっと温めて、しその葉を添えて……。仕事の合間に食べるお弁当は、美味《おい》しく、美しく、しあわせな気分になれるものに限る。冷たくそっけないものは、決して作りたくない。

お客様のいる食卓

世はグルメ時代——街中においしいものが溢れているから、ときたまわが家でお食事なさる親しい方には、手馴れたお惣菜を差し上げる——大根と鶏肉の炒め煮、たたき牛蒡《ごぼう》、煎《い》り豆腐など。珍らしいものでもお嫌いなものはすすめない。食事直前のお菓子は無用。その日のお天気、温度次第で熱いものは熱く、冷たいものは冷たく……。あり合わせの器でも、なんとか美味しそうに盛りつけている。

寒暖計

うちの台所の寒暖計は、細い柱からはみ出すほど大きい。使い慣れた小型のものを五年ほど前に取りかえたのは――老眼のためである。献立日記二十二冊目（五十七年）からは、日附、お天気のほかに温度もつけるようになった。毎朝八時、ゴミ袋を外へ出すとき、たしかめることにしている。

仕事が忙しいときは、何日分かの献立を前もって決めておくのか、とよくきかれるけれど――その日に食べるものが早くから決まっている、というのは何となくしらけるのではないかしら。近頃は季節にかかわりなく、暖かくなったと思うと急に寒くなったりして、お天気の方もかなり気ままだから尚更《なおさら》のこと……朝、床の中で考えた献立を、台所の寒暖計次第で変更することも、よくある。

（お彼岸すぎたというのに、こんな温度――今夜はいっそ湯どうふにでもしようかしら……）などと――。

それより何より……この寒暖計が役に立つのは漬物をするときである。四十年あまり、手塩にかけたぬかみそは、わが家自慢の味だけれど——と言って、なんでもかでも、野菜を放りこんでおけばおいしく漬かる、というわけではない。

（昨日、ひるの十二時すぎに漬けた茄子《なす》が夕方、六時の食事に丁度よかった。今日は昨日より大分暑いから午後一時ごろがいい）

と、寒暖計をチラッとみながら漬ければ、たいてい毎晩、青々したきゅうり、白い小かぶ、るり色の茄子がおいしく食べられる。

新しいこぶりの茄子を塩で撫《な》でるように揉《も》み、一つまみのみょうばんをそっとまぶして、ぬか床の下の方に——きゅうりは浅く上の方に、小かぶはその間ぐらいのところへ漬けるのも、その日その日の温度次第。食事の直前、気の利《き》いた小鉢《こばち》に色どりよく盛り合わせたお新香は、見るからにおいしそう——うんざりするほど暑い日でも、けっこう箸がすすむから嬉しい。

ぬか漬けの味のよしあしは、ぬか床の中の酵母菌と酸菌の戦争の結果だという。朝晩、よくよくかきまぜて酸素を充分ふくませれば、酵母菌の勢がまして、よい味になるし、何日も放っておけば、酸菌が威張り出して、鼻をつくような酸《す》っぱい匂いがする。台所仕事ばかりしている奥さんを、「ぬかみそ臭い女房」などというけれど――どちらかと言えば、不精な奥さんということになるのではないかしら。

ＮＨＫテレビ「となりの芝生」で、私が姑役をしたのは昭和五十年。何回目だったか、セットの台所で、ぬかみそ桶《おけ》をかきまわしながら、若いきれいな嫁役スターに、

「……こんないやな匂いにしてしまったのは、あなたがちっともかきまわさないからですよ、私の息子はぬか漬けが大好きなのに、ほんとに仕様がない……」

というようなことをブツブツ言うシーンがあった。二、三日して、彼女のファンから私宛《あて》に手紙が来た。

「……あんなに可愛《かわい》い嫁を、たかがぬかみその匂いぐらいであんなにいびるとは、けしからん。今後、お前のテレビなんか見ないからそのつもりでいなさい」

と、たいへんな剣幕で怒ってきたのは、八十歳の男性だった。もしかしたら、その方は、酸っぱいおこうこがお好きなのかも知れない。とにかく、ぬかみそ漬けと姑役はむずかしい。

その年の陽気によるけれど、ぬか漬けを楽しめるのは大体、三月から十月いっぱい。十一月の声をきけば――ぬか床に残っている古《ふる》づけや昆布、大豆など余分なものをす

っかりとり出し、天塩で二センチほどの厚い塩蓋《しおぶた》をして、ゆっくり冬眠してもらう。食卓には、いれかわりに、たっぷりの昆布と柚子、少量の唐辛子に適量の塩――重しをきかして漬けこんだ白菜づけ――これも、なかなか美味しい。

それにしても、近頃の野菜の悲しいほどのまずさは、どういうことかしら。どんなご馳走のあとでも、お茶漬を一口食べたい私は……何とかして、すこしでも味をよく漬けよう、と、毎日、この大きい寒暖計を眺めている。

献立ひとくちメモ

漬物のコツ

「ぬか味噌の中では酵母菌と酸菌の戦争である。酵母菌をたすけてやれば、いやな匂いは消える筈」三十数年前、大学生の投書を新聞で読んで以来、わが家では朝かきまわす度にビオフェルミンの錠剤を、夏は十粒、春秋五粒ほどまぜている。そのせいか、いつもおいしい。漬け込んだ野菜の水分でぬか床がゆるくなりすぎたときは、乾いた布巾をピッタリ貼《は》りつけて水分を吸いとることも大切。

梅酢

仕事がたてこんで——今夜はおそくなる、とわかっている朝、私は、よくまぜずしをこしらえる。重箱につめておけば、おすましを温めるだけで家人のお夕飯になるし、ついでに私のお弁当も出来る。ひじきと油揚げの煮物、花豆の甘煮などの常備菜とお新香を添えれば、なんとかかたちがつくから献立日記にチラホラ顔を出すことになる。

テレビ局のお昼どきに、自由奔放、自然流のスターＢ子さんにおすそわけしたら、
「わあ、おいしい……でも、朝、ここへ来る前に自分でこんなお弁当をこしらえてくるなんて、魔法みたい——方言で、あたまおかしくならないんですか？」

とふしぎそうな顔をした。

たしかに——ＮＨＫの「花へんろ」シリーズはとても楽しいドラマだったけれど……松山弁で苦労した。東京育ちの私は、台本を受けとるとすぐ、原稿用紙に自分のセリフを一言ずつ、ひ

ら仮名で抜き書きし、方言指導の先生が吹きこんで下さったテープを三度も五度も、よくきいてから、一字一字、自分なりの音符をつけてゆく。その役の人らしい言い方で、動きながら自然にしゃべれるようになるまで、同じ言葉を五十回ぐらい繰り返す。そうしないと口に慣れないから、こわい。とにかく江戸っ児の私にとって方言は苦手。本番がつづくと、つい料理はおろそかになり、手馴れたまぜずしでお茶をにごすことになる。

「前の晩、お米をといで笊《ざる》にあげておけば、朝起きて身仕度しているうちにチャンとご飯が炊けるし、まぜるものは、寝しなに冷凍庫から出して自然解凍しておけば、あっという間に出来ちゃうのよ」

そう言ったら、B子さんの大きい眼が丸くなった。

夏も冬も、うちの冷凍庫にはすしのもとがはいっている。暇な日に、ごぼう、筍、干椎茸をこまかくきざんで少量のゴマ油で丁寧にいため、お酒と味醂、醤油でゆっくり煮こんでおいたものである。朝、まだ温か味の多少残っているすしめしにこれをまぜると、けっこうおいしい。出盛りにゆがいて冷凍しておいた青豆、塩とお砂糖で煎りあげた玉子、紅しょうがを少々いれれば色どりもいい。その上に、いきのいいときに冷凍しておいた白身の魚――ひらめ、すずき、エビなどを、ちょっと酢につけてから格好よく散らせば、なかなかのもの。もみ海苔はしけないように、小袋にいれて添えておく。

B子さんがしきりに賞《ほ》めてくれる酢めしは、わが家得意の梅酢の味。うちでは、毎年、梅の実が出まわる頃、青梅一・五キロを米酢九〇〇ミリリットル、蜂蜜一キロにつけこんで、冷たく暗い場所に三ヶ月ほどおく。おいしい梅酢が出来る。古くなるほど味がよくなるが――その酢に少量の塩と醤油をまぜれば酢めしや酢のものに……サラダ油をいれればドレッシングに――酸っぱいものは嫌いという人もよろこんでくれるから嬉しい。梅酢を使いきったあとの梅の実は、砂糖を加えて梅ジャムにする。

「なんてったって、お酢は身体《からだ》にいいし、年中、この梅酢をたべてると、頭がよくなるらしいわ。そのせいかも知れない――この頃、松山弁がおぼえやすくなった……」

私の冗談をB子さんは半分、本気にして、

「わぁ――私、絶対、その梅酢こしらえちゃう……」

その年の秋、めずらしく、B子さんから葉書がきた。

「成功、成功、大成功――お友だちがみんな、私のちらしずしにびっくり！　料理の天才だっていわれました……」
来年は、大きい広口のガラス瓶に、十本ぐらい梅酢をこしらえちゃう……と張り切っているけれど……それぱっかりでもねえ――今度一緒になったら、ほかの料理をおしえないと……。

献立ひとくちメモ

玉ねぎ

家庭料理に玉ねぎは欠かせない。固形スープをたっぷりのお湯でとかし、新玉ねぎを丸ごと煮こめば結構おいしい即席スープになる。半分にして小口から薄く切り、小麦粉をまぶして熱い油で狐色になるまで揚げたオニオンフライを缶に入れておけば肉料理の添えものに便利。ごく薄く切って梅酢であえ、花かつおをかければ和風サラダ。小さく切って桜エビとまぜたかき揚げもなかなかおいしい。

冷凍庫

テレビドラマでは、初対面の俳優さんと夫婦親子になることが多い。一時間ものをせいぜい四日ぐらいで撮りあげるから、本読みで、

「はじめまして、どうぞよろしく」

と挨拶したとたんに、

『母親の私がこれだけ頼んでいるのに、何故《なぜ》わかってくれないんだよ……』

などと言ったりするので——やりにくいこともある。相手が任侠《にんきょう》ものの映画スターだったりすると——とかく、貫禄《かんろく》たっぷりで無口だから……。

五十一年ごろだったか——下町ドラマで商店の若旦那になったYさんも、台詞のほかはほとんどものを言わない人だった。母親役の私と、嫁のことで言いあいをするシーンが終ったあと——セットの隅でお茶をのんでいる私の傍《そば》へ、めずらしく、彼がすっと寄ってきて、持ち前のドスの利いた声で、

「沢村さん、この間、朝の料理番組で言ってましたね、冷凍庫へ入れる食物はみんな、名前と日附を書いておくって……あれ、気に入ったな」

そう言って——向うへ行ってしまった。

私は呆気《あっけ》にとられた。一体どういうこと？　映画ではいつも片肌《かたはだ》ぬいで短刀ふりかざしていたYさんが、冷凍庫がどうの、こうのって……。

翌日も翌々日も顔を合わせていたけれど——母子の私語は、それでおしまい。

それ以来、一緒になる機会もなかったが、冷凍庫の掃除をしていて、フッと思い出すことがあった——何ともおかしなその話を……。

その疑問がとけたのは最近である。ある人によると、彼は昔からたいへんな食通で、家庭では短刀のかわりに庖丁《ほうちょう》を握って料理をするのが楽しみだったという。ただし、それは秘密——男の中の男が、台所をウロウロするなんてみっともない、と思いこんでいたらしい……なるほど。近頃のグルメ大流行で、彼もホッとしているのではないかしら。

わが家の冷凍庫の食物は、彼が気に入ったとおり、どれも名前と日附を書いた紙が貼《は》ってあるが、これがなかなか役に立つ。ラップに包まれてみんな同じように固まっていても「鯛《たい》——○月○日」とわかれば、鱸《すずき》と間違えることもないし、日附の順に、古いものから先に料理することも出来る。

コチンコチンに固まった日増しものなんか——と決めつけていた明治女——私が冷凍庫を使うようになったのは十二、三年前のこと。手料理の煮ものや新しい魚をなんとか保《も》たせたいためだった。冷蔵庫をあてにしすぎて、よく失敗したが——いきのいいひらめなど、一度に食べるだけの大きさに切って、ラップで固く包んでおけば半月ぐらいはけっこうおいしく食べられる。何でも新しいときに手早く冷凍する——それが秘訣《ひけつ》のようである。

去年の暮、押しつまってお米屋さんから、つきたてののし餅が届いた。老人は食が細い。折角のやわらかさを少しでももたせたくて、大根のつゆで庖丁をしめしながら、なんとか小さく切って、一つ一つ丁寧にラップで包み冷凍した。おかげで当分、おいしいお雑煮が食べられた。

それから半年——うっとうしい梅雨の日に思いついて、冷凍庫の隅にいくつか残っていた切り餅を出して解凍したら——なんとおどろいたことに、まだ柔かい餅肌の名残りがあった。

（人間もこんなふうだと嬉しいけれど……まさかずっと冷凍室にはいっているわけにもゆかないし……）

溜息《ためいき》をつきながら、老女は雨空の下で、あべ川餅を口に入れた——おいしかった。

献立ひとくちメモ

青豆のうにあえ

黒豆、花豆、白いんげんの甘煮——どれか、食卓にあると色どりにもなって、なんとなく食事が楽しいと思うのは私だけかしら。

春先、グリーンピースの出盛りの頃、さやごと十キロも買いこんで、皮をむいたやわらかい青豆を少量の塩をいれた水でさっとゆがき、カップ一杯ずつ、小さいビニール袋にわけて冷凍しておけば、一年近く味が変わらないから嬉しい。不意の来客に、一袋を軽くゆがき、日本酒で溶いた瓶詰のうにとよくあえて、ほぐした玉子でとじた「青豆のうにあえ」は、見た眼もちょっと洒落ている。

おいしいトースト

昔ものはパンの食べ方が下手で苦労する。すこし足をのばして出来たてのおいしい食パン一本を買い、すぐ一日分ずつに切り分けてビニールに包み冷凍しておき、毎朝、その一つを解凍する。トースターを充分熱くしておき、食べる直前にパンをいれれば、表面はコンガリ焼けて中は柔かく、水分が残っていておいしい。（料理上手な奥さんが、新聞の投書で、この焼き方を教えて下さった）

お正月

居間の戸棚を片づけていたら、七、八枚の古いスナップが出てきた。

袋の隅に、昭和四十五年正月、伊豆――と家人が書いている。馴染《なじみ》の温泉旅館の庭に立ったり、しゃがんだり……二人とも、まるで別人のようにすまして、若い。なにしろ、十八年前の写真である。

あの頃は毎年、旅先でお正月を迎えたものだった。別府、指宿《いぶすき》など、しきりに九州へ足をのばしたのは、三十年後半から四十年ごろまでだった。そんな遠出がおっくうになって、湯河原、熱海、伊豆山など、もっぱら近間になったのは齢《とし》のせいである。それでも、四十二年から書き始めた献立日記は毎年、暮の三十日からお正月五日までは空白――ただ、「旅行」となっている。

一年中、台所に立っている女の人にとって割烹《かっぽう》旅館のお正月は、なんとも楽しい。朝、ゆっくり起きてお風呂へはいり、きれいに掃除された部屋に坐れば、上げ膳《ぜん》、据《す》え膳——目出たく凝った山海の珍味が目の前にスッと出てくるのだから……なんともらくちん。

「ここのうち、いつもの板前さん、やめたらしいわね、来年はほかの宿へ行きましょうよ」

などと、そっと、いい気なことを囁《ささや》いたりもした。

ただ、困ったことに、お正月の温泉旅館は、夏ごろに、もう、予約をすまさなければならない、ということだった。俳優にとって、暮からお正月は身体がいくつあっても足りない書き入れどき——脇役もそれなりに、あれこれ仕事がはいってきて、休みをとるのはむずかしかった。

（十二月三十日から一月五日いっぱい、一切仕事をしないことにしよう）

自分でそう決めたのは、二十五、六年前のことだった。その頃は夫婦とも、ただもう仕事に追いまくられ、ゆっくり話をする暇もなくて……これが、人間の暮らしと言えるかしら、とフト溜息が出たりした。考えたあげく、家人のスケジュールにあわせて、私も正月休みをとることにした。芸能界で仕事を断るのは、頼むよりもむずかしいことはわかっていた。格別、どうということもない脇役のわがままな願いに対して……かなり、風当りがきつかった。でも——それを通《とお》した。連続ドラマでも、松の内休めないものは、初めからおろしてもらった。この世界に大切と言われるつきあいも欠くことにした。

ある巨匠のお宅ではお正月早々に大ぜいのスタッフが集まって華やかな宴を張るのが吉例になっていた。ある年、その先生から、初めて大役をいただいた私は、翌年のその日、必ず来るように、とプロデューサー達から再三注意されたけれど——失礼した。私たちのお正月を大切にしたかったから……。そのせいだけとは思わないけれど、巨匠からは二度とお声がかからなかった。約束ごとの多い世界で、自分の好きな生き方をする以上、そのくらいのことがあるのは当り前である。

献立日記十冊目（四十九年）元旦《がんたん》に、初めて簡単なおせち料理が書いてある。つまり、この年から、私たちはわが家で新年を迎えるようになったということ。相変らず、正月休みはつづけているものの、折角の旅行が面倒になってきた、というわけである。

十二冊目（五十年）のおせち料理が細かく丁寧に書いてあるのは、腰を据えてわが家のお正月を楽しむようになったしるしだろうか。以後、毎年の料理の欄を、嬉しそうに赤い線で囲んだりしているけれど、中味は同じようなもの——昔人間が松の内欲しいと思うものは永い間の経験で、おおよそ決まっているらしい。

二十一冊目（五十七年）のおせちの品数が多少ふえているのは、年あけ早々、親しい人たちが揃《そろ》って年賀に見えたから――とその年の日記に書いてある。

一の重

○七色なます――にんじん、大根、椎茸、きゅうり、油揚げ、しらたき、黒ゴマ

○黒豆ふくめ煮

○いくらのきんかん詰め

二の重

○紅白かまぼこ

○伊達まき

○かずのこ

○くわいのうま煮

○蓮根の白煮

○たたきごぼう

○椎茸のうま煮

○栗の渋皮煮
○こぶまき
三の重
○ふきよせ——八つ頭、にんじん、こんにゃく、鶏肉、焼豆腐、さやえんどう
ほかに用意した生ものは、
○まぐろ、ひらめ、牛肉

主婦は大忙しだった。

お互いの思い出話もさかなになって、とても楽しかったが、そういう集まりがつづいたのは五年ほどだった。料理人がくたびれた。

二十九冊目（六十三年）のおせちの欄には（今年から簡単にする）と言い訳が書かれ——品数もぐっと減っている。それでも、なにかしらととのえようとするのは、老女にとって、やっぱりお正月は格別の日……生きてゆく上の、一つの折り目、切れ目のような気がするからである。

去年の暮、テレビ局の化粧室で若いスターが、
「今度のお正月は私もおせちをこしらえてみるわ、お宅のを教えて……」

としきりにせがむ。レトロブームというわけだろうか。

「……手数がかかるから、このうち、好きなのだけ、こしらえるといいわ」

と、わが家の一の重、二の重、三の重の料理を紙に書いて渡したら、

「あ、これがいいわ、これだけ作るわ」

指したのは——イクラのきんかんづめ……だった。

昭和48年12／31㈪晴	車えびの煮つけ たこのお刺身 里芋、レバー、こんにゃくの煮こみ せり、天かすの味噌汁 〈貞〉ー仕事 夜帰宅後おせちつくる 車えび煮つけ、ひらめこぶじめ、黒豆、はまち照り焼き、栗ふくめ煮、かまぼこ、だてまき	〈朝〉 お雑煮（かまぼこ、みつば） 〈おやつ〉もなか、お茶
昭和49年1／1㈫晴	おせち 一の重 黒豆、栗ふくめ煮 里芋、レバー、こんにゃくの煮こみ 二の重 紅白かまぼこ だてまき 三の重 車えびの煮つけ はまちの照り焼き 〈お客様〉	〈朝〉 お雑煮
1／2㈬晴	おせち料理 鮭 のり 〈貞〉ー仕事（芸術座初日）	〈朝〉 お雑煮
1／3㈭晴	おせち料理 お赤飯 鳥の黄金焼き 豆腐の味噌汁 〈お客様〉 〈貞〉ー仕事	〈朝〉 クロワッサン サラダ（レタス、セロリ、みかん、きゅうり、レーズン、玉子）

昭和50年

おせち料理
一の重
黒豆ふくめ煮
かずのこ
なます
いくらのきんかん詰め
二の重
紅白かまぼこ
伊達まき
さわら照り焼き
ひらめの板じめ
三の重
吹き寄せ（里芋、にんじん、さや、椎茸、若鳥）
はす白煮
たたきごぼうごま酢あえ

1／1(水)
おせち料理
ぶりのお刺身
赤目芋甘煮
のり
わかめの味噌汁
おとそのかわりに葡萄酒《ぶどうしゅ》

朝
お雑煮

昭和57年
おせち料理
一の重
七色なます（にんじん、大根、椎茸、きゅうり、油揚げ、しらたき、黒ゴマ）
黒豆ふくめ煮
いくらのきんかん詰め
二の重
紅白かまぼこ
伊達まき
かずのこ
くわいのうま煮
蓮根の白煮
たたきごぼう
椎茸のうま煮
栗の渋皮煮
こぶまき
三の重
ふきよせ（八つ頭、にんじん、こんにゃく、鶏肉、焼豆腐、さやえんどう）

ほかに用意
まぐろ
ひらめ
牛肉

好き嫌い

生まれつきひよわな私は、育つかどうかわからない、と母を心配させたらしい。学校へゆくようになっても、なにかというと目をまわし、体操の時間は休むことが多かった。

その頃は低血圧などと言う人はなく、母は、

「この子は血が足りなくて……」

と心配して、身体《からだ》にいいものを食べさせよう、と軽い財布の中であれこれ苦労してくれたものだった。

鰹《かつお》の季節の「医者ころし」もその一つである。父がおさしみを食べたあと、中落ちを煮つけて背中の血合いをせせり、残った骨に熱いお湯をそそいで飲めば、身体が丈夫になって病気をしない、と言う。

「だから、お医者さんが干上ってしまうのさ」

というわけだった。

めぞっこの鰻《うなぎ》や鶏のもつ、牛や豚のこまぎれなど、煮たり焼いたりしてくれたけれど——私はどちらかというと、美味しいお新香でお茶漬けサラサラ、きゅうりの酢のもの、昆布の佃煮の方が好きだった。子供のときから疲れやすいのは、そのせいもあったらしい。

昭和九年——いろいろなことがあった末、映画女優になった。当時は丁度、無声映画からトーキーに移りはじめた頃で、若い脇役女優は忙しかった。職業として選んだ道なのだから——とただ、もう、一生懸命につとめたものの、私にとっては、かなりの重労働だった。

そのことが身にしみてわかったのは、京都日活撮影所の作品、伊藤大輔監督、片岡千恵蔵主演「宮本武蔵——決闘般若坂」に呼ばれたときである。鎖鎌《くさりがま》の名手（月形竜之介）の女房役で、私もそれを使わなければならなかった。なにしろ、今から五十年あまり昔のこと——東京の仕事がすむとすぐ夜行列車に飛び乗ったが、京都へつくのに十時間もかかった。京都ホテルに荷物だけ置いて、すぐ、撮影所の殺陣師《たてし》に連れられて、小太刀の道場へ行った。翌日、鎖鎌を上手に使えるようにということだった。

鋭い鎌の先につけた長い鎖を自由自在にふりまわし、相手の刀にまきつける——ということも、そこで初めて知った。小太刀の先生と殺陣師が一生懸命、教えてくれたけれど、もともと運動神経の鈍い私が……ただもうフウフウ言うばかりだった。

ホテルへ帰ったものの、疲れと心配で眠れない。夜半、とうとう、ホテルの前の広い道路に立って、借りてきた稽古《けいこ》用の鎖鎌をくり返しくり返し、ふりまわしたものだった。その頃は自動車がすくなかったから、事故はおこさなかったものの……しまいには疲れ果てて、冷たいアスファルトの上に倒れてしまった。あのときの辛さは、いまだにおぼえている。

次の日の撮影は、どうやらこうやら格好をつけたものの……映画女優という仕事は、並たいていの体力ではつとまらない、と帰りの汽車の中でつくづく考えた。

(とにかく、もっと栄養をつけなければだめ……牛肉は嫌い、豚肉はいや——などと言っていられる身分ではないのだから……身体にいいものはどんどん食べるようにしよう)

そう決心した。肉類の匂いはしょうがの汁で消し、油ものは大根おろしをまぜるようにして……なんとか自分の口にあうように料理してみると、今まで食わず嫌いだったものも何とか食べられるようになった。たまに飲むとおなかをこわした牛乳も、毎日、すこしずつ飲むうちに、なんとなく身体がしっかりしてきた。毎日の献立を本気で考えるようになったのは、どうやらあの鎖鎌事件以来である。

(俳優は身体一つが資本の職業なのだから、自分で自分の身体をしっかり管理しなければいけない)

いまも、自分を戒めているけれど……ただ、ときどき、ほかの俳優にもそのことを言ったりするのは、私の悪い癖である。

いつだったか——久しぶりで顔をあわせた中年の二枚目スターが笑っていた。

「ホラ、昔、僕が宝塚映画で初めて主役をやったとき、母親役の沢村さんに言われましたよね、食堂で……。僕がどんぶり飯をおかわりしてたら——余計なことだけれど、食べたいだけ食べてたら、スターの位置は保てないわよ、あなたはどうやら肥るたちらしいから、気をつけなけりゃ……って。あれは厳しかったなあ。でも、なるほど、と思って、いまもずっと守ってますよ」

もう——おせっかいは、いいかげんにしなければ……。

献立ひとくちメモ

そら豆の白ソースあえ

熟したそら豆の皮をむき、かぶる程度の水に塩少々いれてゆでておく。きれいな鍋にバタ五〇グラムをいれ弱火でとかす。その間に別の鍋で牛乳二本を温めておく。とけたバタに小麦粉七〇グラムをいれ弱火で練りサラサラしてきたら温い牛乳を三回にわけてまぜる。粉と牛乳の温度が同じならフンワリとなめらかなホワイトソースが出来上がる。緑のそら豆に白いソース——おいしいこと請合い。

かつお節

結婚祝の品物を選ぶのはむずかしい。

心ばかりのものを、と思っても——新世帯に紅茶茶碗や電気スタンドばかりいくつもあっては困るだろうし、世間一般、なんとなく豊かになっているこの頃、めったなものも差しあげられない。

知人の、聡明で料理上手な女史の場合はことにむずかしかった。結婚のお相手は裕福な美術研究家——お二人とも国際的グルメである。考えあぐんだ末、鰹節けずり箱に本節を添えて贈った。鰹節は昔からお祝がえしに使われるからおめでたい品ということだし、主としてフランス料理というハイカラなご家庭でも、たまには和風のおそうざいも如何《いかが》？ という気持だった。

貧者の一灯とはいえ、あんまり世帯染みたお祝に、さぞびっくりなさったことだろう、と、あとで気がさしていたが——その後、ご主人が面白がって使っていらっしゃる、ときいてホッとした。うすいピンクの花かつおの色と香がお気に召したらしい。豪華なシステムキッチンの片隅にションボリしている鰹節たちの姿を想像していたのに……よかった。

　わが家の狭い台所の棚には、二個のけずり箱がデンとおさまっている。一つは、新しくおろした鰹節の皮や血合いのところをたっぷり削って出しをとるために、大工さん用のしっかりした鉋《かんな》がいれてある。鍋の水に昆布をいれ、煮立ちかけたら引きあげて、すぐ、けずりたての鰹節をいれ、また、ちょっと煮立ったら火をとめて漉《こ》せば、おいしい一番出し——ほんのりとした味と香はお吸物用ということである。もう一度、お鍋に水をはり、引きあげた昆布と鰹節をゆっくり煮出したものが二番出し——こっくりとした味は、乾物や野菜の煮物に欠かせない。わが家では、暇をみて、四、五日ごとに一番出し、二番出しをこしらえて、それぞれガラス瓶につめて冷蔵庫に保存しておく。忙しい日の料理には、とても役に立つ。

　もう一つのけずり箱は、鉋の刃も薄くやさしい花かつお用である。出しをとるためにさんざん削られて、透きとおった紫色の肌をみせた鰹節の芯を、そっと静かにかいた花かつおは、ほうれん草のおひたしや湯どうふの薬味には欠かせない。乾きすぎると細かい粉になり易《やす》いから、使う前に、軽くしめした布巾で十分ほど包んでおくと、しっとりした花びらが出来る。さんざんつかって、ごく小さくなったものは、そのまま、煮こみおでんの鍋などにいれている。

テレビドラマの祖母役で、鰹節をけずりながら孫娘とあれこれ話すシーンがあった。永い静かな場面で、けずり箱の鉋の音が台詞の邪魔にならないように気をつかったものだったが――終ったトタンに、相手の可愛い女優さんが溜息をつきながら囁いた。

「昔の人って、ずいぶん面倒くさいことをするんですね。沢村さん、おうちでもこんなことをしているんですか?」

「そうね、よくやっているわ」

「アラ、こんなことしなくっても、スーパーへ行けば、チャンとこまかくしたものを袋に入れて売ってますよ、知らなかったんですか?」

「……そう――知らなかったわ」

知ってはいるけれど、使いたくない、とは言えなかった。けずりたての鰹節の味と香など――老女の郷愁にすぎないかも知れない。

昔、浅草の私の生家では、いつも四、五本の鰹節が台所の風通しのいいところにつるしてあった。関東大震災の日、私と弟は、母がとっさに渡してくれたその鰹節を持って逃げ、しばらくの間、それをなめて、飢をしのいだものだった——鰹節との縁は深い。

献立ひとくちメモ

お吸物

お吸物は、たっぷりの昆布と鰹節でとっただしが何より。のりすいはあぶって揉んだ海苔と針しょうがをお碗に盛り、酒、醬油、塩で好みの味をつけた熱いだしをかける。かきたま汁は濃い目の味、片栗粉でとろみをつけて煮だたないようにしておき、玉子を、泡立て器でかきまわしながらタラタラと落とし、いれ終ったら火をとめ、さらしねぎとしょうがの汁をいれると、フンワリとおいしい。

捨てる

今日は月曜日——うちの横手のゴミ集積所に厨芥《ちゅうかい》を出す日である。私の街では、月、水、金曜日は台所の食物のくずや不要の紙類、木曜日は分別ゴミと決まっている。その日の朝はいつも重そうな大きい袋がズラリと並べられる。

近頃は、たいていの品物が二重三重に包装されているから、どうしてもゴミが多くなるけれど、それにしても、厨芥がこんなにふえたのは何故《なぜ》かしら。昔の下町の家は、どこも台所口に黒く塗った木のゴミタメが置いてあったが、その箱に捨てられる食物のくずはとても少なかった。

今朝も私は、よそのゴミ袋からはみ出している野菜や果物を見て、つい、溜息をしてしまった。最近は、じゃが芋、玉ねぎ、みかんなど、何でも大きい袋につめて売るから、核家族が持てあますのも無理はない、と思うものの……戦争中、一握りのさつま芋の蔓《つる》を大切に食べた老女の眼には、やっぱり、もったいなくて……。

そう言えば、あの頃、軍人宰相が大勢のお供をつれて街中のゴミ箱を視察している写真が大きく新聞に載ったことがあった。（この非常時に、庶民は食物がなくて困っているのではないか）と心配したわけではない。（この非常時に、ねぎの端切れ、じゃが芋の皮など捨てるような非国民はいないか）政府が厳重に監督する——ためだった。あの人たちが、いまのゴミ集積所を見たら、どういうことになったろう……。

そう思いながら、フト気がついたら、私もあの連中と同じ眼つきをしているような気がして、急に恥かしくなった……ほんとは私のゴミ袋にも食物の残りが沢山はいっているのに……。

わが家の厨芥がこの頃急にふえたのは、ぬかみそに漬ける小かぶや甘煮にする里芋の皮をぐっと厚く剝《む》くようになったせいもある。娘の頃、そんなことをしたりすると母に、

「うちの身上を剝いてしまうつもりかい」

と叱《しか》られた。第一、野菜も魚も皮のところが美味しいのだし、身体のためにもなるのだから——とその度毎《ごと》に教えられ、

「もったいない」

という言葉が心底、身についた。

戦後、十年あまりたつと、テレビドラマの食卓に出される料理もグッと立派になった。そして、茶の間でご飯ばっかり食べている姑役の私は、そのシーンが終るたびに胸が痛んだ。ほんの一、二度、チラリと映っただけのご馳走が、美術さんのバケツに惜しげもなく投げいれられるからである――もったいない。

そんな私が……いくら豊富に出まわっているとは言え、野菜の皮や食べ残りの品を、あえて捨てるようになったのは、なんと言っても、齢のせいである。歯が悪くなって固いものは嚙《か》めないし、胃が小さくなって、ほんの少ししか食べられない。

(食べられなければ捨てるより仕様がない――私は残りものを食べるために生きているんじゃない。生きるために食べているのだから……)

などとブツブツ言ってはみるものの――冷蔵庫からはみ出している一昨日の残りもの、いかの煮つけ一口がどうも捨て切れず、つい、

「ねえ、これ、捨てる?」

傍の家人に助けを求めると、ニヤッと笑って、

「捨てる!」

とポンと私の肩を叩く。そのキッカケでこちらはパッとくずバケツに放り込む……それが、近ごろ、わが家の台所の儀式になっている。

（明治女が生きてゆくのは、むずかしい……ほんとに）

献立ひとくちメモ

常備菜（練り味噌）

夜更《よふ》けて、ちょっとお茶漬けが欲しいとき、お客さまのお酒の肴《さかな》が足りないとき――五目豆、ひじきと油揚げの煮つけ、きんぴらごぼうなどの常備菜があるとたすかる。練り味噌（味噌一〇〇グラム、砂糖六〇グラム、卵黄一個分、酒、味醂それぞれカップ五分の一ずつを弱火で練り合わせる）を常備しておけば、うす味で煮た豆腐、こんにゃく、筍などに塗るだけで、手軽に一品、出来上がる。

ものの値段

毎朝、新聞といっしょにドサッと広告の束が配達される。立派なアート紙に見事な印刷は、流行の服に素敵なアクセサリー、なかでも一際《ひときわ》目立つのは豪華マンションのご案内。初めは○億という値段に驚いたり呆《あき》れたりしたものの、いつの間にか億ションという言葉も耳慣れてしまった。人間というものは、何にでもだんだん慣れるから恐ろしい。

それにしても、明治の末に生まれ、大正、昭和と生きてきた私にとって、ものの値段の移り変わりはなんとも目まぐるしいものだった。大正五年ごろは二銭銅貨一枚で大きな焼芋四、五本かアンパン一個が買えたものだが、いまは百円玉一個で焼芋一本、アンパン一個ということになっている。社会の動きにつれて、ものの値段はあがっていった。

大東亜戦争の間は、買いたくても物がなかったが、終戦後、貨幣価値の変化の激しさにはただもう、マゴマゴするばかりだった。あの当時、私の映画の出演料がどのくらいだったか、ハッキリ思い出せない。その中から、毎日の食費にどのくらい使ったか、ということも——忘れた。ただ、なんとかして生きてゆかなければ……と一生懸命働いて、闇値で食物を買う——それだけだった。その頃、映画界きっての美貌《びぼう》の大スターが、眼の前の机の上にリュックサックいっぱいの百円札を積みあげられて、とうとう新しい撮影所へ引き抜かれた、という噂もあった。

昭和四十年ごろになると、世間もどうやら落ちついたかのように見えたが、お金の価値はその人の年齢——戦前、戦中、戦後と、それぞれの生まれた時代によって、まるで違う感じになっていた。

そのころ、八十歳に近かった私の母がある日、遠慮がちに私にささやいた。

「……あの子にそんなに払うなんて、いくらなんでもおかしいのじゃないかねえ」

お手伝いの娘さんに私が渡す給料の額が、どうも納得出来なかったらしい。

「そういう時代になったのよ。私の出演料だって、けっこうあがったんだから……つまり、お金の値打ちが変わってきたのよ」

母は黙って、溜息をついた。自分の娘の稼《かせ》ぎが殖えたのはスンナリわかっても——

台所を手伝う子のお給金が急にそんなに高くなるなんて、なんとも、のみこめなかったらしい――昔から、ほんとに気前のいい人だったけれど……。

毎日の野菜の値段も母を驚かした。八百屋へ行くのに、百円札を何枚も持ってゆくなんて、たしかに、考えられなかったろう。

昭和四十一年四月十五日の台所買物帳には、
○ねぎ、小かぶ、なす、きゅうり――二百十五円。大根――五十円。合計二百六十五円。
と書いてある。そして、二十年後の四月十一日には、
○ねぎ――百三十円、万能ねぎ――百円、小かぶ――百八十円、きゅうり――百五十円、大根――三百円。合計八百六十円。
となっている。

その年の気候や、だんだん複雑になってくる流通機構のせいもあって、多少の変化は仕方がないとしても、庶民にとって何より大切なのは、毎日の暮らしである。住むところと食べるもの――まともに働く人たちがせめて、それだけは確保出来るように――この国の偉い人たちに是非お願いしたい。

昔、江戸っ子のお調子ものは、

「なあに、おてんとうさまと米の飯《めし》はどこへ行ったってついてまわらあ……」

などと後生楽なことを言ったものですが、現代では、そんなことは決してないのだから……。

「なあに、住むところや食べるものがないくらい——庶民はすぐ慣れるよ」

などと——どうぞ仰《おっ》しゃらないで下さい。

献立ひとくちメモ

さつま芋

この頃また、さつま芋の栄養価が見直されている。皮をむいて水につけてあくをぬき、ヒタヒタの水でゆっくり煮込んで砂糖、塩で味つけし、蓋《ふた》をキッチリしめて上下にふれば粉ふき芋。酒、醤油、砂糖、水の煮汁で煮たものもまた乙な味。一センチ角に切り、生いか、ねぎ、小麦粉とまぜてかき揚げにすればご飯のおかず——乱切りにして油で揚げて蜂蜜をまぶした大学芋は、おやつになる。

あとかたづけ

キリッとした美貌で、少女時代からずっとスターとしてもてはやされていたC子さんが何年か前、周囲の反対を押し切って、結婚した。私が彼女と一緒に仕事したのは、それから間もない頃――初対面だった。おそらく、生まれて初めて自分の意志で自分の道を選んだせいだろう――彼女のいきいきした明るさが私の微笑をさそい、ドラマで激しく争う姑役と嫁役は、休み時間に、とりとめないおしゃべりをしたものだった。

「……お料理することがこんなに楽しいなんて、私、ほんとうに知らなかったんです」

彼のために、初めて庖丁を持ったときの、こわさ、嬉しさを語る彼女は、おままごとをしている幼女のようだった。

「そう――それはよかったわね。ものをつくる、というのは何でも楽しいわ。お料理するってことは、プロデューサーも演出家も俳優もひとりで兼ねるようなものだから、なんと言っても面白いのよ」

「ほんと――ほんとにそうですね、毎日、いろんなものをこしらえてみたい――でも……ただ、いやなのは……」

彼女はきれいな眉をちょっとひそめて、

「あとかたづけ――これが、いやでいやでどうしたらいいでしょう……」

ほっそりときれいな指、赤くつやつやつやした爪――無理もない、とは思ったけれど、返事に困った。

「そうねえ……お料理とあとかたづけは、二つあわせてワンシーンなのよ――だって、汚したものはきれいにかたづけておかないと、次の日、素敵なご馳走がつくれないでしょ、だから……」

われながら、へんなこじつけ、と思ったけれど――世帯持ちの老女優としては、ほかに言いようがなかった。彼女は――仕方なさそうにうなずいた。

あれから、もう何年になるだろうか。その後、一緒に仕事をする機会はない。素敵な彼女はその後もずっとスターの道をまっすぐ歩いているが――お料理の楽しさを、いまもときどき味わっているかしら……そうだといいのだけれど……。

台所の布巾

きれいに洗いあげた食器を乾いた布巾でサッサッと拭《ふ》くのは気持がいい。わが家の布巾四十枚のうち、二十枚はいつも台所の引き出しにいれてある。使ったものはすぐ、足許《あしもと》のバケツ（半分ほどの水に少量の粉石鹸《こなせっけん》をいれておく）につけて、翌日よく洗って干す。洗いすぎていたんだものは小さく切って使い捨て用に……。「汚れた布巾は病気のもとだよ」と昔の下町のおかみさんはうるさかった。

たしかめる

夜、夕飯のあと片づけが済み、台所から引きあげるとき——私は右手の人さし指をあげて、端からたしかめる。台所口の鍵はかけたか？　ガス水道の栓はしめたか？　食器棚の戸はあいていないか？……最後に電話を居間に切りかえ、電気を消して、おしまい。人間は横着なのか、頭で考えただけではポカをする。電車の運転手さんのひとり言「発車、進行」の真似《まね》をした訳だが——この頃、身についた。

移り変わり

秋の長雨がやっとあがり、久しぶりに青空がのぞいた日、思いついて納戸《なんど》を片づけた。古い家に古い人間が永く住んでいると、いつの間にか、いろんなものがたまってゆく——派手になった着物、帯、いただきものの茶器、花瓶、タオル、手拭……隅の茶箱には干したぜんまい、ひじきと一緒に、糒（ほしい）の缶がはいっている——手製の非常食糧……残りご飯を焼いたものである。

フライパンをすこし温めて、ご飯粒が重ならないように、濡《ぬ》れ手でそっと拡《ひろ》げてゆっくり焼くと、やがて狐色のレースのような干飯になる。笊《ざる》の上に並べて風通しのいいところに一日干せば出来上がり。熱湯をかけるだけで食べられるし、日保《ひも》ちがいいから、何かのときに役に立つ。そう言えば、昔のお城には戦争に備えて、干飯蔵が設けてあったらしい。

よく乾いた干飯を油で揚げてコッテリしたスープをかけた中華風おこげ料理は、以前はわが家の自慢料理の一つだった。美味しいし、栄養たっぷりだから、若いお客様にはことに喜ばれ、おかげで折角の干飯は出来上がるそばから使ってしまい――非常用食糧は一向に貯えられなかった。

大正えび、豚肉、生椎茸などに片栗粉をまぶして油で揚げ、鶏ガラのスープで煮こみ、醬油、日本酒、砂糖で味をつけたタレを、冷めないようにとろ火にかけておく。それが出来てから、フライパンの油を熱くして、レースの干飯を小さく折っていれると、パッとふくらんで、まるで白い小花が咲いたよう――その花を、いそいで銘々の器にわけ、熱いタレをかけると、シュッと音がして――召し上がる人は思わず乗り出し、料理するものは、ちょっと得意になったものだった。

献立日記九冊目（四十八年）を見ると、一月二十一日につづいて、一月二十九日にも「おこげ料理」と書いてある。多分、お客さまがあったのだろう。十五冊目（五十二年）あたりから、すこしずつ回数がすくなくなり……近ごろはすっかり姿を消している。その代り、納戸の茶箱には「非常用干飯」の大きい缶が三つも重なっている。

食べものの好みは、齢とともにすこしずつ変わってゆくものである。舌鼓《したつづみ》打ったおこげ料理は、脂《あぶら》のすくない牛肉のシャブシャブにとってかわられ、鯛《たい》やひらめのお

昭和48年

1／21(日)	えび入りおこげ料理（豚肉、えび、じゃが芋、さや、ねぎ） 鮭 大根千切りの味噌汁	朝のサラダ（セロリ、レタス、きゅうり、りんご、バナナ、パセリ、トマト、レモン） ゆで玉子
1／22(月)	ひらめのお刺身 せりの味噌汁	朝のサラダ（レタス、セロリ、きゅうり、パイナップル、トマト、りんご） ゆで玉子
1／28(日)	うにご飯（もみのり） かに入り豆腐の吉野汁 ひらめの昆布じめ 黒豆	朝のサラダ（レタス、セロリ、きゅうり、りんご、みかん、ピーマン、バナナ、くるみ） ゆで玉子
1／29(月)	えび入りおこげ料理 あじの干物 わかめの味噌汁	朝のサラダ（セロリ、レタス、りんご、バナナ、みかん、レーズン） ゆで玉子

さしみがチラチラと顔を出してくる。もう決して成長することのない老人の身体《からだ》が、多すぎる栄養を辞退するということだろうか。家人が若い頃大好きだったストロガノフ（いためた牛肉と玉ねぎをトマトで味つけし、バターでいためたご飯を添えたロシア料理）に、ある日、箸をつけなくなったとしても、

「何故《なぜ》？　どうして？　あんなに好きだったのに……」

とは、言わないことにしている。

食事の楽しみの一つは、気のおけない人たちとおしゃべりし、笑いながら味わうことだと思う。ひとりポツンと坐っている前に、どんなご馳走が並べられても――味気ないだけである。

「家族と一緒にご飯を……」

それが一人暮らしの老人たちの切ない夢ではないだろうか。

けれど……息子夫婦や孫たちと賑《にぎ》やかな夕食を楽しむしあわせな年寄りにも、もしかしたら悩みがあるかも知れない。目の前のご馳走が、どれもみんな、育ち盛りの孫たち中心のものばかりだとしたら……。

老人の食事だからと言って、格別ぜいたくなものでなくてもいい――料理する人の

ちょっとした気くばりさえあれば、それで結構。大きいものは嚙みやすいように小さく切る、とか、固いものはほどほどに柔かく、うす味で煮て、どれも少量ずつ見た眼に美しく盛りつければ「まあ、きれいなこと……」と自然に箸が出る。柚子の香り、しょうがの味も食欲をそそってくれるが、一番嬉しいのは家族の心づかい、ということではないかしら。

いくつになっても人それぞれ——どうしても嫌いという食物もたまにはある。子供の頃のいやな思い出とか、姿かたちがどうしても……などというのは、理屈で割り切れない……好みである。絶対に野菜を食べなかったり、魚は見るのもいや——というような、身体にさわる偏食は何とかしなければならないけれど、ただの好みは、今更、なおすこともない。たまにわが家の献立が夫婦それぞれ違うのは、そんなときである。私の好きなしめ鯖は家人が嫌いだし、彼の好物、酢だこは私があんまり好まない。海《え》老《び》は向う、牡蠣《かき》はこちら……それぞれのごひいきは相手に譲ることにしているが、お吸物の味は、濃すぎるとか薄すぎるとか、なかなかむずかしい。

そう言えば、家人は寒がりやの癖にぬるいお風呂が好きだし、私は暑がりやの癖にあついお風呂が好き——つまり、一心同体ではなくて一心異体ということかしら……

その方がお互いに面白いような気もしている。
近ごろ、毎日のご飯の柔らかさについて意見が一致したのは——どうやら齢のせいらしい。

献立ひとくちメモ

納　豆

昔人間にとって、朝ご飯に納豆はつきものだった。きざみねぎと玉子、からしをまぜて熱いご飯にのせて、ご機嫌だった。夕ご飯には、生いかを細くきって熱湯をかけ、ねぎと玉子の黄身、もみのりをきざんだ納豆にまぜればいい。すり鉢でよくすった納豆とねぎ、油揚げをおみおつけにいれた納豆汁もまた結構なもの。ねばねばしたところを敬遠する人もいるけれど、栄養たっぷりだからどうぞ。

ゴマ料理

胡麻《ゴマ》はわが家の大切な栄養源——ゴマを煎《い》ってすり鉢ですり、砂糖、醤油で味をつけ、野菜をあえるゴマよごしをよくこしらえる。暇のあるとき、黒ゴマをたっぷり煎り、油の出るまですって、甘味噌、砂糖、味醂にだし少々をいれてよく練った「黒みそゴマあん」をこしらえておくと便利――うす味で煮た里芋、大根、焼豆腐などにかければ、ちょっとしたおかずが手早く出来るというわけ。

だんどり

広くはないけれど、明るい台所——大きめの洗い桶にきれいな水をたっぷりそそぎながら次から次へと茶碗や皿を洗いあげてゆく——そんな食後のあと片づけを、私は結構楽しんでいる。

浅草の生家の、狭くて暗い流しもとにチョコンと坐り、初めて自分の茶碗を洗ったのは、かぞえ五歳のときだった。母がそばで教えてくれた。

「使ったものは、すぐきれいに洗っておかないと、今度ご飯を食べるとき困るからね」

母のあとかたづけは手早かった。キュッキュッと小さい音を立てながら洗っては拭き——固くしぼった雑巾で拭きこまれた板の間もいつも余分なもの一つなく……子供心にもスッキリと、気持がよかった。

いま、私が——どんなに忙しくても食事のあとかたづけだけはチャンとするのは……多分、あの、狭くて古くて、そのくせきれいな台所が眼の奥に焼きついているせいだと思う。

それにしても……今日も明日も果しなくつづいてゆく家事を苦もなく片づけてゆくためには、手順が何より大切、と母は口癖のように言っていた。

「洗いもの一つだって、チャンと段どりを考えてやらないと、台所中、シッチャカメッチャカになってしまうからね」

ほんとに……お惣菜の精進揚げがおいしかった、と家人にほめられて得意になるのはいいけれど――油のついたお皿やお鍋の始末が悪いと、自分の手から洗い桶、流しもとまでなんとなくベトベトして……あげくの果ては、その手でひねった水道の蛇口までおかしくなり、

(もう、金輪際、揚げものはごめん……)

などとうんざりすることになってしまう。

そんな修羅場《しゅらば》をくぐったあげく、なんとか上手に始末出来るようになったのは、たしかに段どり――手順のおかげである。

食事のあと――油気のない茶碗や皿小鉢だけをまず、洗って片づける。それから、ほんのちょっとでも油のついたものは、使い捨ての小ぎれで丁寧に拭く(洗いざらし

の古い布巾を十センチ四方ほどに切っておくと、便利)。あとはたわしに磨《みが》き砂(石鹸、クレンザーなど)をつけ、ぬるま湯で、器の裏までよく洗えばサッパリと気持のいいこと請け合い。お鍋やフライパンは、最後にみがき砂をたっぷりおごって、熱めのお湯でサッと洗えばそれでおしまい――洗いすぎない方がいい。(使った油は、揚げものがすんだトタンに火をとめて、熱いうちに常用の油の缶にうつしてピッタリ蓋《ふた》をしておけば酸化しない。新しい油を少々足すだけで、二、三回は使える)

なんとか、あと始末が出来るようになってからは、おそうざいのかき揚げも気軽にこしらえるようになった。献立につまると、あり合わせの玉ねぎに桜えびとか、いかとさつま芋など、合い性のいいものを手当り次第に揚げたりして……それがうまくいったときの嬉しいこと――いっぱしの料理上手になったような気がする。

この夏、北海道から贈られたとうもろこしは甘い粒が大きくて柔かい。焼きたてにかぶりついたら、さぞかし……と思ったけれど――残念なことに老夫婦は只今《ただいま》、歯の治療中。フト考えついて、きれいな粒をそっとそぎとり、小さく切ったみつばをまぜ、小麦粉と牛乳をからませてかき揚げにしてみたら……そのおいしいこと――好評サクサク。植物油は、ほんとに、何でも優しくまとめてくれて、年寄りの栄養源……揚げたてをせいぜい食べるようにしている。

十年ほど前のこと——テレビドラマで母娘が天婦羅の下ごしらえをしながら、しんみり話すシーンがあった。そのときの娘役のスターの手つきがいい。終ってから母役の私が賞《ほ》めると、ニッコリして、

「実家の母が揚げものが好きで、いつも手伝わされていたんです」

「そう——じゃ、旦那様はおよろこびでしょう。素敵なお部屋で揚げたての天婦羅が食べられて……」

新婚早々の彼女の豪華マンションはスタッフの噂になっていた。お相手は青年実業家らしい。

「……うちでは、揚げものはしないんです」

「あら、どうして？」

「天婦羅はやっぱり、チャンとしたお店でいただかないと……それに、私のところはシステム・キッチンですから、汚れると困りますし……」

システム・キッチン？　ああ、そう言えば、この間雑誌に出ていた素晴しい台所の写真にそんな名前がついていた。なるほど、あんなに立派な台所だと、やっぱりよご

したくないかも知れない。

（でも……ねえ）

次のシーンのカメラテストが始まった。化粧をなおして彼女のととのった横顔をチラッと見ながら、母親役は、なんとなくこだわったものだった。

（でも……使わない台所なんて——なんだか……ねえ）

献立ひとくちメモ

料理の本

うちの台所の棚にはお料理の本がズラリと並んでいて、いつもいろいろ教えて下さる。

今日はこれを、と思うときは、よく読んだ上、メモをとる。材料や調味料を、その日のわが家の人数分に書き直し、ときにはあり合わせのものや好みのものにおきかえたりする。書けば不思議に頭にはいり、料理の途中で電話がかかったり、人が来ても、あわてて、間違えることもない。生徒の予習というわけ。

献立日記・三十冊め

〈昭和63年1月〜9月〉

昭和63年

1／5㈫〈深夜雪〉
曇（10度）

〈朝〉手打そば（かまぼこ、ねぎ）
ゆで玉子
サラダ（レタス、柿、バナナ、キウィ、トマト、りんご）
〈おやつ〉紅茶

お好みずし（まぐろ、ひらめ、のり）
青豆のうに玉子
さざえのつぼやき
（さざえ、みつば、生椎茸）
味噌汁（とろろ芋の千切り）
〈お客様〉お食事

1／6㈬
晴（8度）

〈朝〉食パン、牛乳
ゆで玉子
サラダ（レタス、バナナ、柿、りんご、トマト、レーズン）
〈おやつ〉レモンティー、クッキー

ぶりてき（しょうが）
七色なます
黒豆
味噌汁（豆腐）

1／7㈭
曇ときどき晴（8度）

〈朝〉七草がゆ（七草、みつば、さや、餅）
おせち料理の残り
かまぼこ
〈おやつ〉牛乳、ゆで玉子

しゃぶしゃぶ（牛肉、しらたき、春菊）

1／8㈮
曇ときどき晴（9度）

〈朝〉食パン、牛乳
ゆで玉子
サラダ（レタス、バナナ、キウィ、トマト、大根、いちご）
〈おやつ〉甘酒（しょうが汁）

鯛めし（鯛そぼろ、青豆）
かまぼことほうれん草のうす味煮
たこの酢の物
おすまし（そうめん、鳥ささみ）

1／9(土) 晴（11度）	〈朝〉バターロール、クロワッサン ハムエッグ サラダ（レタス、バナナ、りんご、トマト、キウィ、きぬさや、グレープフルーツ） 〈おやつ〉干柿、緑茶	甘鯛の味噌漬け かずのこ 生椎茸とさやのバタ焼き かぼちゃの甘煮 焼豆腐、油揚げの味噌汁
1／10(日)	〈朝〉おかゆ（お餅） かまぼこ、玉子だてまき、たたみいわし、 お新香いろいろ サラダ（バナナ、りんご、柿、いちご） 〈おやつ〉牛乳	すきやき（牛肉、焼豆腐、ねぎ、しらたき、生椎茸、玉子） 紅鮭 玉ねぎサラダ（花かつお、梅酢） さつま芋の味噌汁
1／11(月) 晴（7度）	〈朝〉クロワッサン、バターロール ゆで玉子 サラダ（サラダ菜、レタス、バナナ、りんご、トマト、ピーマン、キウィ、グレープフルーツ、レーズン） 〈おやつ〉甘酒	かますの干物 大根と鳥の炒め煮 （大根、鳥、しらたき） ほうれん草のごまよごし わかめ、油揚げの味噌汁
1／12(火) 晴（8度）	〈朝〉雑炊（春菊、玉子、かまぼこ） サラダ（レタス、サラダ菜、バナナ、トマト、りんご、柿、グレープフルーツ、レーズン） 〈おやつ〉紅茶、クッキー	湯豆腐 まぐろの山かけ 春菊のピーナッツバタあえ 大根千切りの味噌汁 井筒屋より到来（豆腐、油揚げ）

1／13㈬ 晴（9度）	〈朝〉食パン、牛乳 ハムエッグ サラダ（レタス、りんご、柿、みかん、レーズン） 〈おやつ〉紅茶、クッキー 甘鯛の味噌漬け まぐろときすのお刺身 肉入りきんぴら ほうれん草のピーナッツあえ かきたま汁 〈お客様〉お食事
1／14㈭ 晴（10度）	〈朝〉食パン、牛乳 ゆで玉子 サラダ（サラダ菜、バナナ、柿、りんご、グレープフルーツ、レーズン） 〈おやつ〉甘酒 湯豆腐 紅鮭 いかの塩辛 さつま芋の甘煮 わかめ、油揚げの味噌汁
1／15㈮ 晴（10度）	〈朝〉雑炊（みつば、玉子、かまぼこ） お新香いろいろ サラダ（レタス、バナナ、柿、りんご、みかん） 〈おやつ〉甘酒 お好みずし（まぐろ、きす、のり） 青豆のうに玉子 いかの塩辛 豆腐の味噌汁 〈お客様〉お食事
1／16㈯ 晴（11度）	〈朝〉食パン、牛乳 ハムエッグ サラダ（サラダ菜、りんご、バナナ、いちご、レーズン） 〈おやつ〉紅茶、クッキー かんぱちのお刺身 たこの酢の物（恭） 赤貝酢の物（貞） かまぼこ ほうれん草、油揚げの味噌汁 魚屋来る（鯛、かんぱち、赤貝、たこ）

1／17(日) 曇ときどき晴（11度）	〈朝〉食パン、牛乳 ゆで玉子 サラダ（サラダ菜、りんご、柿、バナナ、オレンジ） 〈おやつ〉甘酒	魚すき（まぐろ、かんぱち、しらたき、豆腐、白菜、ねぎ、山芋、椎茸） 青豆のうにあえ 魚すきのあとの汁で雑炊
1／18(月) 晴（9度）	〈朝〉雑炊（前夜の鍋の残りに餅を焼いて入れたもの） サラダ（バナナ、いちご、りんご、サラダ菜） 〈おやつ〉甘酒（しょうが汁）	
1／19(火) 晴（8度）	〈朝〉食パン、牛乳 ゆで玉子 サラダ（ハム、ポテト、にんじん、きゅうり、マヨネーズあえ） 〈おやつ〉紅茶、クッキー	うなぎの蒲焼き さつま芋の甘煮 たたみいわし わかめ、油揚げの味噌汁
1／20(水) 晴（9度）	〈朝〉食パン、牛乳 ゆで玉子 サラダ（サラダ菜、バナナ、りんご、いちご、パイン〈缶〉） 〈おやつ〉ゆであずき	鯛のあらだき（針しょうが） うなぎのザクザク（うなぎ蒲焼き、きゅうり、三杯酢） 山芋の千切り 生麩の味噌汁

1／21(木) 晴（9度）	〈朝〉食パン、牛乳 ゆで玉子 サラダ（サラダ菜、バナナ、りんご、いちご、パイン〈缶〉、グレープフルーツ、レーズン） 〈おやつ〉甘酒	すきやき（牛肉、ねぎ、生麩、しらたき、生ゆば、春菊、玉子） 青豆のうに玉子 たたみいわし 大根千切りの味噌汁
1／22(金)〈霧が深い〉 曇（9度）	〈朝〉食パン、牛乳 ゆで玉子 サラダ（サラダ菜、バナナ、りんご、いちご、パイン〈缶〉、レーズン） 〈おやつ〉緑茶、クッキー	甘鯛の味噌漬け かまぼことほうれん草の煮もの のり 油揚げ、春菊の味噌汁
1／23(土) 曇のち晴（12度）	〈朝〉食パン、牛乳 ハムエッグ（ピーマン） サラダ（サラダ菜、バナナ、いちご、りんご） 〈おやつ〉紅茶、クッキー	かんぱちのお刺身 たこと赤貝の酢の物 焼きさつま揚げの大根おろしそえ 春菊、油揚げの味噌汁 魚屋来る（かんぱち、甘鯛、おでん種）
1／24(日) 晴（10度）	〈朝〉おかゆ（さつま揚げのおろしあえ） すきやきの残り おこうこ 〈おやつ〉甘酒	煮こみおでん（さつま揚げいろいろ、山芋、玉子、がんもどき） たたみいわし のり 茶めし

1／25(月) 晴（8度）	〈朝〉お雑煮 目玉焼き サラダ（サラダ菜、バナナ、りんご、柿、グレープフルーツ、いちご） 〈おやつ〉レモンティー、クッキー	甘鯛の味噌漬け 山芋の千切り（花かつお） えのき茸のたらこあえ 納豆の味噌汁
1／26(火) 晴（10度）	〈朝〉食パン、牛乳 ゆで玉子 サラダ（ゆでじゃが芋、ゆでさつま芋、ブロッコリー、芽きゃべつ、バナナ、いちご、柿、グレープフルーツ） 〈おやつ〉ゆであずき	鯛の塩焼き ちくわとほうれん草のうす味煮 玉ねぎときゅうりのからし味噌あえ わかめと油揚げの味噌汁
1／27(水) 晴（9度）	〈朝〉食パン、牛乳 ゆで玉子 サラダ（サニーレタス、バナナ、柿、さつま芋、グレープフルーツ、レーズン） 〈おやつ〉くず	鳥のすきやき（鳥もも肉、ねぎ、椎茸、しらたき、白菜、春菊、生麩、生ゆば、玉子） 紅鮭 みつばの味噌汁
1／28(木) 晴（9度）	〈朝〉雑炊（やき鯛、みつば、えのき茸） 岩のり佃煮 〈おやつ〉おしるこ 〈車内の昼　サンドイッチ、ミルク紅茶〉	かますの干物 かまぼこ のり さつま汁（牛肉、大根、にんじん、ごぼう、さつま芋）

1/29(金) 晴(9度)	〈朝〉食パン、サンドイッチ残り(貞) サラダ(バナナ、柿、いちご、セロリ、ブロッコリー) 〈おやつ〉甘酒	かんぱちのフライ (ポテト、にんじん、さや、芽きゃべつ) たこときゅうりの酢の物 かずのこ 味噌汁(さつま汁の残り)
1/30(土) 晴(10度)	〈朝〉食パン、牛乳 ゆで玉子 サラダ(サニーレタス、オクラ、セロリ、きぬさや、いちご、にんじん、バナナ) 〈おやつ〉レモンティー、クッキー	まぐろのお刺身 大根としらたき、鳥の炒め煮 ほうれん草のおひたし えのき茸、油揚げの味噌汁 魚屋来る(まぐろ、金目鯛、さんま干物、さわら味噌漬け)
1/31(日) 晴(10度)	〈朝〉雑炊(鳥ささみ、ほうれん草、餅) 目玉焼き 白菜漬け 〈おやつ〉紅茶、クッキー	まぐろの山かけ (まぐろ、山芋、のり) 小かぶ、油揚げの煮びたし いかの塩辛 納豆、ねぎの味噌汁
2/1(月) 曇(10度)	〈朝〉食パン(恭)、おじやの残り(貞) 牛乳、ゆで玉子 サラダ(サニーレタス、バナナ、ブロッコリー、きぬさや、芽きゃべつ、りんご、みかん) 〈おやつ〉ゆであずき、白玉	魚すき(金目鯛、たこ、しらたき、春菊、ねぎ、小かぶ、椎茸、生麩、小がんも、鳥ささみ) のり さつま芋の甘煮

2/2㈫ 晴（9度）	〈朝〉うどん〈スパゲティ風〉（玉ねぎ、ハム、プチトマト） サラダ（サニーレタス、グレープフルーツ、バナナ、りんご、ラディッシュ、みかん〈缶〉、いちご） 〈おやつ〉レモンティー	ひらめのお刺身 ひじきと油揚げの煮もの たらこの焼きもの かまぼこ、ねぎの味噌汁 魚屋来る（鯛、ぶり、ひらめ、むしがれい）
2/3㈬ 晴（9度）	〈朝〉食パン、牛乳 ゆで玉子 サラダ（サニーレタス、りんご、バナナ、グレープフルーツ、干し柿） 〈おやつ〉クッキー、チョコレート、紅茶	まぐろどんぶり（のり、わさび） 大根と鳥の炒め煮 ほうれん草のごまよごし さつま芋の味噌汁
2/4㈭〈急に寒い〉 晴（5度）	〈朝〉食パン、牛乳 ゆで玉子 サラダ（サニーレタス、セロリ、ラディッシュ、バナナ、りんご、レーズン、プチトマト） 〈おやつ〉クッキー、紅茶	ロブスターのマヨネーズあえ〈オーストラリア土産―山崎氏〉 青豆ご飯 ほうれん草の玉子ソース 鳥と野菜のスープ（にんじんのみじん切りのうきみ）
2/5㈮ 晴（7度）	〈朝〉雑炊（鳥、小松菜、青豆、玉子、ちくわ、青のり入り餅） 〈おやつ〉くず	ひらめのうすづくり うなぎザクザク かぼちゃの甘露煮 わかめ、油揚げの味噌汁

2／6(土) 晴（11度）	〈朝〉食パン（恭）、 雑炊（貞） 牛乳、ゆで玉子 サラダ（サニーレタス、セロリ、オクラ、玉ねぎ、芽きゃべつ、バナナ、りんご、プチトマト、きぬさや） 〈おやつ〉甘酒	魚すき（ぶり、生鮭、たこ、小松菜、大根、しらたき、生ゆば、生麩、ぎんなん） のり さつま芋の甘煮
2／7(日) 晴（9度）	〈朝〉食パン、牛乳 ゆで玉子 サラダ（サニーレタス、ラディッシュ、バナナ、りんご、レーズン） 〈おやつ〉紅茶、クッキー	えび（ロブスター）のバターライス（青豆、玉ねぎ） 鳥と野菜のスープ（鳥の皮、セロリ、小かぶ、玉ねぎ、ねぎ、固形スープ） りんごとグレープフルーツのサラダ
2／8(月) 晴（6度）	〈朝〉食パン（恭）、 雑炊（貞） 目玉焼き サラダ（サニーレタス、バナナ、りんご、グレープフルーツ、干し柿） 〈おやつ〉甘酒	わかさかれいの焼きもの うなぎの蒲焼き（恭） 甘鯛の味噌漬け（貞） 小松菜のおひたし 山芋の千切りの味噌汁
2／9(火) 晴（6度）	〈朝〉食パン、牛乳 ゆで玉子 サラダ（サニーレタス、プチトマト、りんご、バナナ、グレープフルーツ、ラディッシュ、オクラ） 〈おやつ〉おしるこ（恭）、レモンティー（貞）	かんぱちのお刺身 ハムと玉ねぎのバタ炒め たたみいわし わかめ、油揚げの味噌汁 魚屋来る（かんぱち、めごち、かに）

2/10(水) 晴(7度)	〈朝〉食パン、牛乳 目玉焼き サラダ(サニーレタス、ラディッシュ、パイン、バナナ、りんご、グレープフルーツ) 〈おやつ〉チョコレート、紅茶	わたりがに(三杯酢) 野菜の炒め煮(にんじん、ごぼう、こんにゃく、さつま揚げ、ぎんなん) のり にらの味噌汁
2/11(木) 晴(6度)	〈朝〉うどん〈スパゲティ風〉(玉ねぎ、ハム、ケチャップ) ゆで玉子 サラダ(サラダ菜、バナナ、きゅうり、レーズン、りんご、グレープフルーツ、ラディッシュ、パイン(缶)) 〈おやつ〉甘酒	かんぱちのお刺身 花豆の甘煮 うに さつま汁(鳥、大根、にんじん、ごぼう、ねぎ、さつま芋)
2/12(金) 雪(6度) 〈午前5時すぎより午後やむ〉	〈朝〉クロワッサン、イギリスパン ゆで玉子 サラダ(サニーレタス、バナナ、りんご、パイン(缶)、山芋) 〈おやつ〉甘酒	雑炊(ひらめ、かんぱち、椎茸、ぎんなん、小松菜、青のり、餅) 花豆の甘煮 岩のり佃煮 たたみいわし
2/13(土) 晴(7度)	〈朝〉クロワッサン、イギリスパン ゆで玉子 サラダ(サラダ菜、バナナ、りんご、グレープフルーツ、さつま芋) 〈おやつ〉おしるこ	まぐろのお刺身 たこときゅうりの酢の物 岩のり さつま汁 魚屋来る(鯛、たこ、金目鯛、まぐろ)

2／14(日) 晴（7度）	〈朝〉イギリスパン、牛乳 ハムエッグ サラダ（サラダ菜、りんご、グレープフルーツ、レーズン、バナナ） 〈おやつ〉甘酒	鯛のお刺身（大根おろし、わさび） 野菜の炒め煮（にんじん、ごぼう、こんにゃく、さつま揚げ、ぎんなん） 小松菜のごまよごし にらの味噌汁
2／15(月) 晴（8度）	〈朝〉イギリスパン、牛乳 ゆで玉子 サラダ（サラダ菜、きゅうり、にんじん、バナナ、りんご、グレープフルーツ） 〈おやつ〉クッキー	うなぎの蒲焼き かぼちゃの甘煮 きゅうりとかんぱちの酢の物 小かぶの味噌汁
2／16(火) 晴（6度）	〈朝〉食パン、牛乳 ゆで玉子 サラダ（レタス、バナナ、りんご、プチトマト、かいわれ、いよかん） 〈おやつ〉紅茶、クッキー	ぶりのお刺身（大根おろし、わさび） 煮こみおでん（さつま揚げ、小がんも、ちくわ、大根、こんにゃく、しらたき、玉子） 花豆甘煮 いかの塩辛 わかめ、ねぎの味噌汁 〈お客様〉お食事 魚屋来る（ぶり、わかさかれい、おでん種）
2／17(水) 晴（6度）	〈朝〉食パン、牛乳 ゆで玉子 サラダ（レタス、バナナ、りんご、いよかん、レーズン） 〈おやつ〉甘酒（しょうが汁）	魚すき（金目鯛、ぶり、たこ、いわしつみれ、しらたき、ねぎ、白菜、にら、ぎんなん、うどん） 岩のり たらこの焼きもの

2／18㈭ 晴（6度）	〈朝〉食パン、牛乳 ゆで玉子 サラダ（レタス、バナナ、りんご、いちご、かいわれ、いよかん、グレープフルーツ） 〈おやつ〉甘酒	鳥肉のすきやき（鳥のもも肉、ねぎ、しらたき、生椎茸、えのき茸、にら、大根葉、焼豆腐、切り餅） 紅鮭 生ゆばの味噌汁
2／19㈮ 晴（6度）	〈朝〉バターロール ゆで玉子 サラダ（レタス、ポテト、にんじん、青豆、ハム、マヨネーズあえ） 〈おやつ〉緑茶、羊かん	かんぱちの照り焼き（大根おろし） 豆腐の五色あんかけ（えび、生椎茸、みつば、玉子） 花豆の甘煮 とろろこぶのおすまし
2／20㈯ 晴（6度）	〈朝〉雑炊（玉子、野菜いろいろ） 牛乳 サラダ（レタス、グレープフルーツ、バナナ、かいわれ、りんご、いよかん、プチトマト） 〈おやつ〉干菓子	お好みずし（まぐろ、ひらめ） たたみいわし かぼちゃの甘煮 大根千切りの味噌汁 魚屋来る（まぐろ、甘鯛、ひらめ）
2／21㈰ 晴（7度）	〈朝〉食パン、牛乳 ゆで玉子 サラダ（レタス、にんじん、バナナ、りんご、オレンジ） 〈おやつ〉甘酒	焼鳥（鳥もも肉、レバー、ねぎ） たこときゅうりの酢の物 紅鮭 豆腐の味噌汁

2/22(月) 晴（5度）	〈朝〉食パン、牛乳 ゆで玉子 サラダ（レタス、バナナ、りんご、グレープフルーツ、いよかん、かいわれ、プチトマト） 〈おやつ〉紅茶、クッキー	湯豆腐 甘鯛の煮つけ のり 大根千切りの味噌汁
2/23(火) 曇（6度）	〈朝〉食パン、牛乳 ゆで玉子 サラダ（レタス、バナナ、いよかん、りんご、プチトマト、きゅうり、レーズン） 〈おやつ〉おしるこ	松葉がに まぐろとひらめのお刺身 さつま揚げの煮もの わかめと油揚げの味噌汁
2/24(水) 小雨（11度）	〈朝〉バターロール、牛乳 ゆで玉子 サラダ（サニーレタス、りんご、バナナ、いよかん、さつま芋、いちご） 〈おやつ〉甘酒	わかさかれいの塩焼き 鳥ささみ、生椎茸、えのき茸、玉ねぎのバタ炒め 花豆の甘煮 小かぶの味噌汁
2/25(木) 曇、小雪（8度）	〈朝〉うどん〈スパゲティ風〉（ハム、玉ねぎ、青豆、トマトケチャップ） サラダ（サニーレタス、バナナ、いよかん、りんご、いちご、きゅうり） 〈おやつ〉甘酒	魚すき（甘鯛、松葉がに、ねぎ、小松菜、白菜、椎茸、えのき茸、大根、焼豆腐） たらこの焼きもの 岩のり佃煮

2／26㈮ 曇（8度）	〈朝〉食パン、牛乳 ゆで玉子 サラダ（サニーレタス、バナナ、りんご、いよかん、いちご） 〈おやつ〉甘酒（しょうが汁）	まぐろどんぶり 小松菜のごまよごし 花豆の甘煮 大根、ぎんなんの味噌汁
2／27㈯ 小雪（6度）	〈朝〉食パン、牛乳 目玉焼き サラダ（サニーレタス、プチトマト、バナナ、りんご、はっさく、いちご） 〈おやつ〉甘酒	しゃぶしゃぶ（牛肉、ねぎ、小松菜、大根、しらたき、ぎんなん、白菜、餅） 紅鮭 さつま芋の甘煮
2／28㈰ 曇（6度）	〈朝〉おかゆ（餅、ぎんなん） かますの干物 サラダ（サニーレタス、バナナ、はっさく、いちご、りんご） 〈おやつ〉紅茶、クッキー	松葉がに（三杯酢） まぐろのぬた（ねぎ、わかめ、ねり味噌） のり 油揚げとわかめの味噌汁
2／29㈪ 晴（8度）	〈朝〉雑炊（玉子入り） 牛乳 サラダ（サニーレタス、バナナ、りんご、白菜、いちご、レーズン） 〈おやつ〉甘酒（しょうが汁）	鯛の塩焼き こんにゃくの田楽 うに さつま汁（鳥、にんじん、大根、ごぼう、椎茸、さつま芋）

3／1㈫ 曇ときどき小雨（10度） 〈朝〉食パン、牛乳 ゆで玉子 サラダ（サニーレタス、バナナ、りんご、はっさく、きゅうり、にんじん、いちご） 〈おやつ〉緑茶、羊かん	めじまぐろのお刺身 焼豆腐と鳥の煮こみ 玉ねぎうす切りの酢の物（花かつお） 大根千切りの味噌汁 魚屋来る（めじまぐろ、ひらめ）
3／2㈬ 小雨（9度） 〈朝〉食パン、牛乳 ゆで玉子 サラダ（じゃが芋、にんじん、青豆、ハム、マヨネーズあえ） 〈おやつ〉甘酒	ひらめのうすづくり ふきと油揚げのうす味煮 いかの塩辛 納豆とねぎの味噌汁 風呂場タイル修理職人 〈おやつ〉きつねうどん
3／3㈭ お雛まつり 晴（11度） 〈朝〉食パン、牛乳 ゆで玉子 サラダ（サニーレタス、バナナ、にんじん、きぬさや、りんご、はっさく、いちご） 〈おやつ〉おしるこ	ちらしずし（松葉がに、ひらめ、ぎんなん、きんし玉子、すしのもと〈ごぼう、椎茸、筍〉） 花豆の甘煮 菜の花のおひたし とろろ
3／4㈮ 晴（8度） 〈朝〉食パン、牛乳 きつねうどんの残り サラダ（サニーレタス、バナナ、りんご、はっさく、いちご） 〈おやつ〉甘酒	ひらめの箔蒸し（ひらめ、マッシュルーム、玉ねぎ） にんじんのギリシャ風 クリームチキンスープ 紅鮭

3／5(土)〈暁方小雨〉 晴（8度）	〈朝〉食パン、牛乳 ゆで玉子 サラダ（サニーレタス、ポテト、はっさく、バナナ、グリーンアスパラ、レーズン） 〈おやつ〉くず	ひらめのお刺身 たこときゅうりの酢の物 さつま揚げとふきのうす味煮 小かぶの味噌汁 〈お客様〉お食事 魚屋来る（ひらめ、ぶり、たこ）
3／6(日) 晴（10度）	〈朝〉ご飯 わかめと油揚げの味噌汁 甘鯛の生干し のり いり玉子（菜の花）、花豆の甘煮	〈お客様〉朝食
3／7(月) 晴（10度）	〈朝〉食パン、牛乳 ゆで玉子 サラダ（サニーレタス、グリーンアスパラ、きぬさや、バナナ、りんご、はっさく、いよかん） 〈おやつ〉最中、せんべい	魚すき（ぶり、たこ、ねぎ、小松菜、小かぶ、ふき、さつま揚げ） たらこの焼きもの さつま芋の甘煮 今日よりぬか漬けふたあけ―小かぶ、きゅうり、なす―以後当分同じ
3／8(火) 晴（8度）	〈朝〉食パン、牛乳 ゆで玉子 サラダ（サニーレタス、きゅうり、バナナ、いちご、いよかん、はっさく、りんご） 〈おやつ〉最中	きすの塩焼き 鳥もも肉とレバー、きぬさやのバタ炒め のり 納豆、ねぎの味噌汁

3／9㈬ 晴（9度）	〈朝〉食パン、牛乳 目玉焼き サラダ（レタス、バナナ、いちご、はっさく、レーズン） 〈おやつ〉甘酒（しょうが汁）	にしんそば〈京都〉 たこときゅうりの酢の物 お茶漬け（うに、岩のり、佃煮、紅鮭）
3／10㈭ 晴（10度）	〈朝〉食パン、牛乳 ゆで玉子 サラダ（レタス、バナナ、りんご、きゅうり、いちご、グリーンアスパラ、はっさく） 〈おやつ〉紅茶、クッキー	めごちとねぎのかき揚げ（大根おろし） さんまの干物 のり さつま芋の味噌汁
3／11㈮ 晴（10度）	〈朝〉バターロール、牛乳 ゆで玉子 サラダ（レタス、バナナ、はっさく、いちご、干し柿） 〈おやつ〉甘酒	かわはぎの塩焼き うなぎときゅうりのザクザク 花豆の甘煮 にらの味噌汁
3／12㈯〈前夜雨〉 晴（14度）	〈朝〉食パン、バターロール、牛乳、ゆで玉子 サラダ（レタス、バナナ、はっさく、いちご、りんご、グリーンアスパラ、きゅうり、小かぶ） 〈おやつ〉おしるこ	まぐろとひらめのお刺身 さつま揚げ、小がんも、こんにゃくの煮もの 小松菜のごまよごし 小かぶの味噌汁 魚屋来る（まぐろ、ひらめ）

3／13(日) 晴（14度）	〈朝〉バターロール、クロワッサン ゆで玉子 サラダ（レタス、バナナ、いちご、きゅうり、干し柿） 〈おやつ〉みかん	しゃぶしゃぶ（牛肉、ねぎ、椎茸、しらたき、小松菜、大根、ごまだれ） にしんの昆布まき うに
3／14(月) 晴（14度）	〈朝〉バターロール、クロワッサン、牛乳 ゆで玉子 サラダ（レタス、バナナ、いちご、はっさく、にんじん、きゃべつ、小かぶ、わかめ） 〈おやつ〉もちづき	わかさかれいの塩焼き まぐろの山かけ ちくわと小松菜のうす味煮 わかめ、油揚げの味噌汁
3／15(火) 曇（15度）	〈朝〉食パン、牛乳 ゆで玉子 サラダ（レタス、バナナ、りんご、グレープフルーツ、ネーブル、はっさく、いちご、レーズン） 〈おやつ〉くず	ひらめのお刺身 うす味の煮しめ（にんじん、山芋、筍、しらたき、かまぼこ） 菜の花のからしあえ 小松菜、油揚げの味噌汁 魚屋来る（ひらめ、ひらめの子）
3／16(水)〈風〉 晴（9度）	〈朝〉食パン、牛乳 目玉焼き（ハム） サラダ（レタス、バナナ、さつま芋、はっさく、いちご） 〈おやつ〉クッキー、紅茶	にしんそば〈京都〉 お茶漬け（たらこ、岩のり佃煮） こんにゃくとさつま揚げの煮もの

3／17(木) 雨、小雪（9度）	〈朝〉食パン、牛乳 ゆで玉子 サラダ（レタス、バナナ、りんご、グレープフルーツ、ネーブル、きゅうり） 〈おやつ〉甘酒	ひらめのフライ（きゃべつ、きぬさや） パリ風鳥ご飯 オニオンスープ ほうれん草の玉子ソース
3／18(金) 雨（10度）	〈朝〉食パン（恭）、鳥ご飯の残り（貞） 牛乳 炒めサラダ（ほうれん草、マッシュルーム、さや、玉子） 〈おやつ〉揚げ餅	ひらめの煮もの ふきと油揚げ、ちくわのうす味煮 うなぎときゅうりのザクザク さつま芋の味噌汁
3／19(土) 晴（11度）	〈おやつ〉くず（前進座観劇のため、昼13時出がけに）	まぐろのお刺身 赤貝の酢の物 野菜の煮もの（にんじん、山芋、かまぼこ、しらたき） 小松菜の味噌汁 魚屋来る（まぐろ、赤貝）
3／20(日) 曇ときどき晴（12度）	〈朝〉食パン、牛乳 ゆで玉子 炒めサラダ（きゃべつ、きぬさや、玉ねぎ、ハム）	ひらめのバタ焼き（生椎茸、きぬさや） 紅鮭 切干し大根と油揚げの煮もの にらの味噌汁

3／21(月) 曇(12度)	〈朝〉食パン、牛乳 ゆで玉子 サラダ(サニーレタス、グレープフルーツ、ネーブル、きぬさや、いちご、りんご、干し柿、バナナ) 〈おやつ〉おしるこ	まぐろどんぶり ほうれん草とちくわのうす味煮 花豆の甘煮 とろろこぶのおすまし
3／22(火) 雨(10度)	〈朝〉おかゆ(餅入り) ゆで玉子 たたみいわし サラダ(サニーレタス、ネーブル、グリーンアスパラ、バナナ、いちご、干し柿) 〈おやつ〉おしるこ	ひらめのうすづくり ふきとひらめの子の煮もの さやのおひたし 納豆、ねぎの味噌汁
3／23(水) 晴(13度)	〈朝〉食パン、牛乳 ゆで玉子 炒めサラダ(きゃべつ、玉ねぎ、生椎茸、ハム) 〈おやつ〉甘酒	鳥肉のすきやき(鳥もも肉、ねぎ、筍、生椎茸、しらたき、ほうれん草、玉子) たこときゅうりの酢の物 わかめ、油揚げの味噌汁
3／24(木) 晴(11度)	〈朝〉食パン、牛乳 目玉焼き サラダ(サニーレタス、グレープフルーツ、グリーンアスパラ、きぬさや、りんご、いちご、きゅうり、レーズン、バナナ) 〈おやつ〉かりん蜂蜜漬け、クッキー	鯛の塩焼き 赤貝ときゅうりの酢の物 かぼちゃの甘煮 大根千切りの味噌汁

3／25(金) 曇ときどき晴（11度）	〈朝〉食パン、牛乳 ゆで玉子 サラダ（レタス、りんご、グレープフルーツ、バナナ、レーズン、さつま芋） 〈おやつ〉ゆであずき、白玉	湯豆腐 まぐろのぬた（ねぎ、わかめ） 花豆の甘煮 ちくわの味噌汁
3／26(土) 雨（11度）〈午後雪〉	〈朝〉食パン、牛乳 ゆで玉子 炒めサラダ（にんじん、きぬさや、きゃべつ、生椎茸、ねぎ、にら） 〈おやつ〉クッキー	魚すき（金目鯛、ひらめ、かまぼこ、鳥ささみ、ねぎ、焼豆腐、ほうれん草、生椎茸、しらたき） 岩のり佃煮 うに
3／27(日) 晴ときどき曇（11度）	〈朝〉食パン、牛乳 ゆで玉子 サラダ（レタス、りんご、いちご、グリーンアスパラ、グレープフルーツ） 〈おやつ〉紅茶、クッキー	うどんすき（昨夜の魚すき残りにうどんを入れて煮る） お茶漬け（たらこ、塩こぶ） ほうれん草のおひたし
3／28(月) 晴（11度）	〈朝〉食パン、牛乳 目玉焼き サラダ（にんじん、きぬさや、グリーンアスパラ、万能ねぎ、干し柿、グレープフルーツ、いちご、きゃべつ） 〈おやつ〉ゆであずき、白玉	まぐろの山かけ（山芋、のり） 生椎茸、さや、油揚げ、筍、かまぼこのうす味煮 かぼちゃの甘煮 大根千切りの味噌汁

3／29㈫ 小雨（13度）	〈朝〉食パン、牛乳 ゆで玉子 サラダ（レタス、グレープフルーツ、オレンジ、バナナ、きゃべつ、いちご、きぬさや） 〈おやつ〉甘酒	湯豆腐（花かつお、ねぎ） ぶりのお刺身 ほうれん草のごまよごし わかめ、油揚げの味噌汁 庖丁とぎ 魚屋来る（ぶりお刺身、ぶり切身）
3／30㈬ 曇（9度）	〈朝〉食パン、ロールパン、牛乳 ゆで玉子 サラダ（レタス、グレープフルーツ、バナナ、いちご、さつま芋、レーズン） 〈おやつ〉クッキー	チキンカツ（生椎茸、きぬさや） わかめとねぎのサラダ 切干しと油揚げの煮もの にらの味噌汁
3／31㈭ 小雨、雪、のち曇（9度）	〈朝〉おかゆ（餅入り） かぼちゃの甘煮、のり佃煮、うに、かますの干物 サラダ（にんじん、きぬさや、生椎茸、玉ねぎ、オレンジ、いちご、レタス） 〈おやつ〉おしるこ	ぶりの照り焼き（大根おろし） ふき、油揚げ、こうや豆腐、生椎茸のうす味煮 ほうれん草のおひたし 山芋すりおろしの味噌汁
4／1㈮ 曇ときどき晴（11度）	〈朝〉食パン、牛乳 ゆで玉子 サラダ（レタス、バナナ、玉ねぎ、さつま芋、いちご、青豆） 〈おやつ〉クッキー	うなぎの蒲焼き 菜の花のおひたし たたみいわし 小かぶの味噌汁 ぬか味噌初漬け―小かぶ、きゅうり

4／2（土） 曇（10度）	〈朝〉食パン、牛乳 ゆで玉子 サラダ（レタス、バナナ、いちご、グレープフルーツ、いよかん、干し柿） 〈おやつ〉くず	お好みずし（まぐろ、赤貝、のり） ほうれん草と油揚げの煮もの 花豆の甘煮 とろろこぶのおすまし
4／3（日） 曇ときどき晴	〈朝〉食パン、牛乳 ゆで玉子 サラダ（レタス、バナナ、オレンジ、アスパラ、さや） 〈おやつ〉緑茶、羊かん	すきやき（牛肉、焼豆腐、ねぎ、しらたき、ほうれん草） たこの酢の物 紅鮭 大根千切りの味噌汁 〈食後〉ネーブル
4／4（月） 晴（12度）	〈朝〉食パン、牛乳 ゆで玉子 サラダ（きゃべつ、にんじん、さつま芋、バナナ、万能ねぎ、いよかん、きゅうり） 〈おやつ〉ゆであずき、白玉	まぐろどんぶり（みつば、のり） 大根の切干し、油揚げのうす味煮 花豆の甘煮 にらの味噌汁 〈食後〉ネーブル
4／5（火） 晴（13度）	〈朝〉食パン、牛乳 目玉焼き サラダ（レタス、バナナ、いちご、みつば、はっさく、いよかん、アスパラ、干し柿） 〈おやつ〉みかん	ひらめのフライ（きゃべつ、ピーマン、アスパラ） 赤貝ときゅうりの酢の物 うにくらげ（びん詰め） 玉ねぎのスープ（玉ねぎ、一番だし、固形スープ） 〈食後〉ネーブル

4／6㈬ 晴（13度）	〈朝〉雑炊（残りご飯、鳥ささみ、みつば、餅、玉子） サラダ（バナナ、レタス、はっさく、レーズン、さつま芋） 〈おやつ〉甘酒（しょうが汁） 青豆ご飯 甘鯛の煮つけ（針しょうが） ふきと油揚げのうす味煮 たこの酢の物 豆腐の味噌汁
4／7㈭ 小雨（12度）〈また寒さもどる〉	〈朝〉食パン、牛乳 ゆで玉子 サラダ（ハム、にんじん、セロリ、にら、玉ねぎ） 〈おやつ〉鯛やき 鳥肉のすきやき（鳥もも肉、もつ、焼豆腐、ねぎ、しらたき、玉子） たらこの焼きもの のり 大根千切りの味噌汁
4／8㈮ 雪（8度）〈かなり降る、8センチ　午後やむ〉	〈朝〉おかゆ（餅入り） ゆで玉子 岩のり佃煮 サラダ（きゃべつ、いちご、白桃、はっさく） 〈おやつ〉鯛やき、牛乳 ひらめとみつばのかき揚げ ふきと油揚げの煮もの（残り分） 赤貝とたこの酢の物 にらの味噌汁
4／9㈯ 晴（8度）	〈朝〉食パン、牛乳 ゆで玉子 サラダ（きゃべつ、さつま芋、バナナ、はっさく、いちご、レーズン） まぐろのお刺身 貝柱の酢の物 ちくわと万能ねぎのうす味煮 わかめ、油揚げの味噌汁 魚屋来る（まぐろ、すずき、貝柱、しらす、たこ）

4／10(日) 晴（9度）	〈朝〉食パン、牛乳 ゆで玉子 サラダ（サニーレタス、白桃、いちご、バナナ、はっさく、レーズン） 〈おやつ〉おしるこ	すずきのフライ（きゃべつ、にんじん） うにくらげ（びん詰め） しらすと大根おろし スープ（鳥の皮、玉ねぎ、にんじん、ねぎ、小かぶ、大根、ふきの葉）
4／11(月) 晴（11度）	〈朝〉食パン、牛乳 目玉焼き サラダ（サニーレタス、セロリ、みつば、バナナ、はっさく、いよかん、いちご、桃（缶）） 〈おやつ〉ゆであずき、白玉	まぐろの山かけ（山芋、のり、わさび） かまぼこ、ふき、油揚げ、椎茸のうす味煮 花豆の甘煮 にらの味噌汁
4／12(火) 晴（12度）	〈朝〉食パン、牛乳 ゆで玉子 サラダ（サニーレタス、はっさく、いよかん、バナナ、セロリ、いちご、にんじん、ポテト） 〈おやつ〉お餅（甘辛つけやき）	かつおのお刺身（しょうが） たこの酢の物 青豆のうに玉子 菜の花のおひたし ちくわ、ねぎの味噌汁 魚屋来る（かつお、かんぱち）
4／13(水)〈風〉 晴（18度）	〈朝〉食パン、牛乳 ゆで玉子 サラダ（サニーレタス、バナナ、いちご、レーズン、白桃、さつま芋） 〈おやつ〉おしるこ	焼鳥とにぎり飯（鳥もも肉、ねぎ） 貝柱とみつばの酢の物 菜の花のおひたし とろろこぶのおすまし

4／14(木) 晴（17度）	〈朝〉食パン、牛乳 ゆで玉子 サラダ（サニーレタス、きゃべつ、セロリ、みつば、万能ねぎ、バナナ、いよかん、いちご、にんじん、里芋） 〈おやつ〉おしるこ	かつおのたたき（しょうが、長ねぎ） 里芋のごまあんかけ 小松菜のおひたし わかめ、油揚げの味噌汁
4／15(金) 晴（15度）	〈朝〉食パン、牛乳 目玉焼き サラダ（きゃべつ、バナナ、はっさく、いちご、アスパラ、きゅうり） 〈おやつ〉おしるこ	かんぱちのお刺身 しらすと大根おろし ちくわと小松菜のうす味煮 さつま芋の味噌汁
4／16(土) 晴（15度）	〈朝〉食パン、牛乳 ゆで玉子 サラダ（サニーレタス、バナナ、アスパラ、いちご、里芋、ピーマン、セロリ、はっさく） 〈おやつ〉ゆであずき、白玉	焼肉（牛肉、きゃべつ、セロリ、にんじん） かわはぎの干物 たこときゅうりの酢の物 玉ねぎのスープ
4／17(日) 晴（15度）	〈朝〉食パン、牛乳 ゆで玉子 サラダ（きゃべつ、サニーレタス、バナナ、白桃、アスパラ、はっさく） 〈おやつ〉お餅（甘辛つけやき）	かつおの煮つけ（しょうが） かまぼこ 玉ねぎの酢の物（花かつお） 花豆の甘煮 里芋の味噌汁

4／18(月) 晴（17度）	〈朝〉食パン、牛乳 ゆで玉子 サラダ（サニーレタス、バナナ、はっさく、いよかん、いちご、にんじん、ピーマン、セロリ、わかめ） 〈おやつ〉おしるこ、かりん蜂蜜漬け	かんぱち、貝柱、きゅうりのわさび醤油漬け 里芋と鳥の照り煮 菜の花のおひたし にらの味噌汁
4／19(火) 曇のち晴（19度）	〈朝〉食パン、牛乳 ゆで玉子 サラダ（サニーレタス、山芋、ピーマン、にんじん、セロリ、バナナ、はっさく、いよかん、レーズン） 〈おやつ〉ぼた餅（おはぎ）	ひらまさのお刺身 ひらまさの子とさやの煮つけ さつま芋の甘煮 若竹汁（筍、わかめ） 魚屋来る（まぐろ、ひらまさ、ひらまさの子）
4／20(水) 晴（20度）	〈朝〉クロワッサン、バターロール、牛乳 ゆで玉子 サラダ（きゃべつ、パセリ、玉ねぎ、さつま芋、オレンジ、レーズン、バナナ） 〈おやつ〉ぼた餅	お好みずし（まぐろ、のり） 筍のうす味煮（サンショの葉） 花豆の甘煮 かき玉汁（玉子、しょうが） 〈お客様〉お食事
4／21(木) 曇（20度）	〈朝〉食パン、牛乳 ゆで玉子 サラダ（サニーレタス、バナナ、はっさく、いよかん、にんじん、わかめ、さつま芋、きぬさや、ピーマン） 〈おやつ〉コーヒー	鳥肉のすきやき（鳥もも肉、長ねぎ、しらたき、焼豆腐、ほうれん草） やきとおし しらすと大根おろし わかめと油揚げの味噌汁

4／22(金) 曇（20度）	〈朝〉ご飯（むしご飯） わかめ、油揚げの味噌汁 かまぼこ 納豆 お新香 〈おやつ〉牛乳、クッキー	まぐろまぜご飯（きゅうり、木の芽、わさび） 筍の田楽 花豆の甘煮 とろろこぶのおすまし
4／23(土) 晴（17度）	〈朝〉食パン(恭)、雑炊 残りご飯、味噌汁(貞) ゆで玉子 サラダ（サニーレタス、バナナ、玉ねぎ、オレンジ、さつま芋、セロリ） 〈おやつ〉おしるこ、柏餅	ひらめのお刺身 湯豆腐（ねぎ、花かつお） 菜の花のごまあえ わかめの味噌汁 魚屋来る（ひらめ、かつお）
4／24(日) 晴（15度）	〈朝〉クロワッサン、 バターロール サラダ（サニーレタス、みかん〈缶〉、バナナ、トマト、セロリ） 〈おやつ〉柏餅	牛肉バタ焼き（きゃべつ、にんじん、セロリ） やきとおし たらこの焼きもの 鳥と野菜のスープ （鳥、ベーコン、大根、かぶの葉、玉ねぎ、ごぼう、にんじん、セロリ）
4／25(月) 晴（17度）	〈朝〉雑炊（一番だし、鳥ささみ、みつば） ゆで玉子 サラダ（サニーレタス、にんじん、さつま芋、きぬさや、わかめ、バナナ、トマト、ぶんたん、セロリ） 〈おやつ〉緑茶、和菓子	豆腐のステーキ（花かつお） かつおのたたき 小松菜のごまよごし 大根千切りの味噌汁

4／26㈫ 晴（16度）	〈朝〉食パン、牛乳 ベーコン・エッグ サラダ（サニーレタス、バナナ、ぶんたん、りんご、セロリ、トマト、みつば） 〈おやつ〉なし〈映画館ゆき〉	鯛のお刺身 かぼちゃの甘露煮 小松菜、油揚げ、ちくわのうす味煮 わかめ、ねぎの味噌汁 〈映画（イブ・モンタン、渋谷）〉 魚屋来る（鯛、かつお、車えび）
4／27㈬ 晴（18度）	〈朝〉食パン、牛乳 ゆで玉子 サラダ（きゃべつ、バナナ、みかん、りんご、レーズン） 〈おやつ〉名古屋のおまんじゅう	天ぷら（車えび、ひらめ、みつば、ピーマン、さつま芋） のり かずのこ 豆腐の味噌汁
4／28㈭ 晴（19度）	〈朝〉食パン、牛乳 ゆで玉子 サラダ（サニーレタス、バナナ、ぶんたん、りんご、みかん〈缶〉、きゃべつ、きぬさや、にら、トマト） 〈おやつ〉レモンティー、クッキー	青豆ご飯 鯛の子のあらだき（針しょうが） やきとおし しらすと大根おろし わかめ、ねぎの味噌汁
4／29㈮ 小雨（19度）	〈朝〉食パン、牛乳 ゆで玉子 サラダ（サニーレタス、バナナ、りんご、みかん、レーズン） 〈おやつ〉納屋橋まんじゅう、緑茶	かつおの山かけ（かつお、山芋、のり、わさび） 豆腐のステーキ（大根おろし） そら豆のふくめ煮 油揚げとみつばの味噌汁 漬物—小かぶ、きゅうり—今日からなすも漬ける

4／30(土) 晴(20度)	〈朝〉食パン、牛乳 サラダ(レタス、バナナ、りんご、ぶんたん、みつば、にんじん、さつま芋、セロリ、ピーマン、トマト) 〈おやつ〉ちまき	天ぷら(車えび、ひらめ、かぼちゃ、ピーマン、青しその葉) かずのこ 花豆の甘煮 わかめ、ねぎの味噌汁 魚屋来る(ひらめ、かつおたたき)
5／1(日) 晴(22度)	〈朝〉食パン、牛乳 ゆで玉子 サラダ(レタス、りんご、レーズン、パイナップル〈缶〉、ピーマン、ぶんたん)	かつおのたたき(ねぎ、しょうが) 小松菜の黒ごまあえ そら豆のふくめ煮 天ぷらの味噌汁 電子レンジ購入〈朝、パンを温める30秒、かつおの解凍3分30秒〉
5／2(月) 曇ときどき晴(22度)	〈朝〉食パン、牛乳 ゆで玉子 サラダ(レタス、さつま芋、かぼちゃ、ピーマン、りんご、ぶんたん、みつば、パイナップル〈缶〉、トマト) 〈おやつ〉ゆであずき、白玉	焼鳥(鳥もも肉、レバー、ねぎ) ひらめのちり酢あえ(みつば、ねぎ、大根おろし、梅酢) わかめの味噌汁
5／3(火) 晴ときどき曇(19度)	〈朝〉食パン、牛乳 ゆで玉子 サラダ(きゃべつ、にんじん、みつば、わかめ、トマト、りんご、ぶんたん、バナナ、しその葉) 〈おやつ〉くず	かつおとなすの煮もの(針しょうが) 豆腐の田楽 のり おすまし(鳥と野菜のスープ、木の芽)

5／4㈬ 晴ときどき曇（20度）	〈朝〉食パン、牛乳 ゆで玉子 サラダ（レタス、りんご、トマト、ぶんたん、パイナップル、レーズン） 〈おやつ〉おしるこ	ひらめのフライ（きゃべつ、なす、レモン） フランス風炒めご飯（鳥ささみ、玉ねぎ、青しそ） そら豆の甘煮 鳥のスープ（木の芽）
5／5㈭ 晴（20度）	〈朝〉食パン、牛乳 ゆで玉子 サラダ（きゃべつ、にんじん、わかめ、みつば、トマト、りんご、ぶんたん、バナナ、ねぎ） 〈おやつ〉レモンティー	かつおのたたき かぼちゃの甘煮 やきとおし 山芋千切り、木の芽の味噌汁
5／6㈮ 晴（18度）	〈朝〉食パン、牛乳 目玉焼き サラダ（レタス、バナナ、パイン、トマト、さつま芋、木の芽） 〈おやつ〉くず	牛肉となすの煮もの 紅鮭 そら豆の甘煮 豆腐、みつばの味噌汁
5／7㈯ 曇（19度）	〈朝〉食パン、牛乳 ゆで玉子 サラダ（きゃべつ、わかめ、玉ねぎ、さつま芋、トマト、ぶんたん、バナナ） 〈おやつ〉おしるこ	天ぷら（車えび、ひらめ、生椎茸、にんじん） たこの酢の物 のり わかめ、ねぎの味噌汁 魚屋来る（車えび、たこ、ひらめ、さつま揚げ、白はだまぐろ）

5／8(日) 晴（15度）	〈朝〉ミルクがゆ（牛乳雑炊）、やきとおし、さつま揚げ、岩のり佃煮、小かぶの塩もみ、らっきょう サラダ（レタス、バナナ、パイン、レーズン、りんご） 〈おやつ〉かりんの蜂蜜漬け	まぐろどんぶり（のり、わさび） かずのこ 花豆の甘煮 とろろこぶのおすまし
5／9(月) 晴（16度）	〈朝〉パン（ハワイのおみやげ）、牛乳 ゆで玉子 サラダ（レタス、りんご、トマト、レーズン、にんじん、グリーンアスパラ、きぬさや、パイン） 〈おやつ〉くず（恭）、かりんシロップ（貞）	ひらめのバタ焼き（ひらめ、きゃべつ、さや、さつま芋） 玉ねぎのうす切りサラダ（花かつお） たたみいわし ほうれん草の味噌汁
5／10(火) 曇（16度）	〈朝〉食パン、牛乳 ゆで玉子 サラダ（サニーレタス、グリーンアスパラ、きぬさや、わかめ、りんご、ぶんたん、バナナ、いちご） 〈おやつ〉かき餅	鯛の塩焼き さつま揚げとさや、こんにゃくの煮もの そら豆の甘煮 山芋のすりおろしの味噌汁
5／11(水) 晴（18度）	〈朝〉食パン、牛乳 サラダ（サニーレタス、バナナ、りんご、さつま芋、グリーンピース、トマト） 〈おやつ〉ゆであずき、白玉	カレーライス（牛肉、玉ねぎ） たこときゅうりの酢の物 松前漬け スープ（鳥、玉ねぎ、長ねぎ、小かぶの茎葉、にんじん）

5／12(木) 小雨（21度）	〈朝〉ミルクがゆ ゆで玉子 サラダ（サニーレタス、バナナ、りんご、いちご、トマト、ぶんたん、さつま芋、グリーンアスパラ、きぬさや）	〈新橋演舞場「羅因伝説」観劇後外食〉 天ぷら（車えび、あおりいか、あわびの海苔つつみ、グリーンアスパラ） 天バラ（揚げもののまぜご飯） あさりの味噌汁 メロン
5／13(金) 晴（18度）	〈朝〉食パン、牛乳 ゆで玉子 サラダ（サニーレタス、バナナ、りんご、いちご、グリーンアスパラ） 〈おやつ〉おしるこ	天どん（車えび、あなご、きす、いんげん） 生椎茸と木の芽の味噌汁
5／14(土) 晴（19度）	〈朝〉食パン、牛乳 サラダ（きゃべつ、バナナ、りんご、ぶんたん、青豆） 〈おやつ〉ゆであずき、白玉	かんぱちのお刺身 とろろ芋の酢の物（花かつお） 鳥、大根、しらたきの炒め煮 とろろこぶのおすまし 魚屋来る（ひらめ、ひらめの子、たこ、かんぱち）
5／15(日) 曇、小雨少々（21度）	〈朝〉ざるそば（京都十割そば、のり、ねぎ） ゆで玉子 サラダ（サニーレタス、バナナ、さつま芋、パイン、グリーンアスパラ） 〈おやつ〉紅茶（レモン）	ひらめとひらめの子の煮つけ 丸なすの上方焼き そら豆のふくめ煮 さつま揚げ、生椎茸の味噌汁

5／16(月) 小雨のち晴（25度）	〈朝〉食パン、牛乳 目玉焼き サラダ（サニーレタス、さつま芋、かぼちゃ、きぬさや、わかめ、バナナ、ぶんたん、レーズン） 〈おやつ〉ゆであずき、白玉	〈国立大劇場（夜の部） 「解脱衣楓累」前進座 観劇・国立劇場食堂〉 蒲焼き弁当（おすましつき）
5／17(火) 晴（21・5度）	〈朝〉食パン、牛乳 ゆで玉子 サラダ（サニーレタス、にんじん、きぬさや、わかめ、りんご、トマト、バナナ、ふき） 〈おやつ〉くず（恭）、羊かん（貞）	すずきのお刺身 ひらめの子とさやの煮もの のり 大根千切りの味噌汁 魚屋来る（すずき、かつお、あじひらき）
5／18(水) 晴（22度）	〈朝〉食パン、牛乳 ゆで玉子 サラダ（サニーレタス、バナナ、トマト、さつま芋、レーズン） 〈おやつ〉紅茶、クッキー	車えびの姿煮 たこときゅうりの酢の物 そら豆の甘煮 とろろこぶのおすまし 〈貞―仕事（座談会）、恭の夕食の仕度をして出かける〉
5／19(木) 晴（22度）	〈朝〉食パン、牛乳 目玉焼き サラダ（きゃべつ、わかめ、りんご、バナナ、きぬさや、トマト、たくあん） 〈おやつ〉（前進座喫茶室）クリームソーダ	鯛の浜焼き 丸なすの油焼き（ゆず味噌） 花豆の甘煮 油揚げ、ねぎの味噌汁 〈国立大劇場（昼の部） 「勧進帳、御家おまさ」 観劇〉

5／20㈮ 晴（21度）	〈朝〉食パン、牛乳 ゆで玉子 サラダ（サニーレタス、にんじん、りんご、青豆、トマト） 〈おやつ〉ゆであずき、白玉	ひらめと車えびのフライ（さや、きゃべつ、かぼちゃ） のり さつま芋の味噌汁
5／21㈯ 雨のち曇（22度）	〈朝〉食パン、牛乳 ハムエッグ サラダ（サニーレタス、りんご、トマト、さつま芋、レーズン） 〈おやつ〉くず	天ぷら（車えび、揚げ、さや、にんじん、のり） かずのこ 花豆の甘煮 わかめ、ねぎの味噌汁 魚屋来る（車えび、まぐろ）
5／22㈰〈午後より雨〉 曇（21度）	〈朝〉雑炊（鳥ささみ、ほうれん草）、お新香 ゆで玉子 サラダ（レタス、りんご、あんず、さつま芋、トマト） 〈おやつ〉プリン、牛乳	天どん（前日の天ぷらを天どんにする） そら豆の甘煮 たこときゅうりの酢の物 とろろこぶのおすまし
5／23㈪ 雨（18度）	〈朝〉食パン、牛乳 ゆで玉子 サラダ（レタス、わかめ、にんじん、かぼちゃ、きぬさや、りんご、トマト、サマーオレンジ） 〈おやつ〉レモンティー、コーヒームース	鯛の浜焼き 里芋と鳥の照り煮 玉ねぎの酢の物（花かつお） なめこの味噌汁

5／24(火) 晴（16度）	〈朝〉食パン、牛乳 ベーコン・エッグ サラダ（レタス、大根、にんじん、きゅうり、わかめ、トマト、きぬさや、りんご、バナナ、サマーオレンジ） 〈おやつ〉お餅つけやき	お好みずし（まぐろ、ひらめ、のり） 青豆のうに玉子 山芋の千切り（花かつお） 大根千切りの味噌汁 〈お客様〉お食事
5／25(水) 曇（16度）	〈朝〉食パン、牛乳 ゆで玉子 サラダ（レタス、りんご、トマト、バナナ、青豆） 〈おやつ〉紅茶、クッキー	鯛の浜焼きのうしお煮（鯛、玉子、青豆） かぼちゃの甘煮 切干しと油揚げの煮もの 岩のりの味噌汁
5／26(木) 晴（18度）	〈朝〉雑炊（玉子、ねぎ） サラダ（レタス、かぼちゃ、さつま芋、わかめ、バナナ、トマト、メロン、きゅうり） 〈おやつ〉ホットミルク	かつおの煮つけ なすの油焼き（しょうが味噌） たこときゅうりの酢の物 さつま芋の味噌汁
5／27(金) 曇ときどき晴（20度）	〈朝〉食パン、牛乳 ゆで玉子 サラダ（レタス、プリンスメロン、トマト、さつま芋、バナナ、レーズン） 〈おやつ〉レモンティー、クッキー	まぐろとひらめのお刺身 あじときゅうり、うどの酢の物 青豆うに玉子 なすの油焼き（しょうが味噌） なめこの味噌汁 〈お客様〉お食事

5／28(土) 雨（20度）	〈朝〉食パン、牛乳 目玉焼き サラダ（レタス、プリンスメロン、新じゃが、バナナ、トマト） 〈おやつ〉おしるこ	あわび、すずき、車えびのバタ焼き（グリーンアスパラ、にんじん） パリ風鳥ご飯（鳥、玉ねぎ、マッシュルーム） 玉ねぎスープ 魚屋来る（甘鯛、あわび、すずき、小いか）
5／29(日) 晴（19度）	〈朝〉食パン（恭）、鳥ご飯残り（貞） ゆで玉子 サラダ（レタス、にんじん、りんご、バナナ、うど、みかん、新じゃが） 〈おやつ〉あわ餅のつけやき	甘鯛の味噌漬け いかの煮つけ そら豆の甘煮 鯛の浜焼きの味噌汁
5／30(月) 晴（20度）	〈朝〉食パン、牛乳 ゆで玉子 サラダ（レタス、グリーンアスパラ、きぬさや、わかめ、トマト、りんご、いちご） 〈おやつ〉お餅つけやき	親子丼（鳥もも肉、玉子、玉ねぎ、青豆） 青菜のおひたし（花かつお） さつま芋の甘煮 とろろこぶのおすまし
5／31(火) 曇ときどき晴（20度）	〈朝〉食パン、牛乳 ゆで玉子 サラダ（サラダ菜、かぼちゃ、グリーンアスパラ、わかめ、いちご、トマト、りんご、うど、ししとう、バナナ） 〈おやつ〉ニューサマーオレンジ	いさきのお刺身 えび芋と鳥の煮もの きゅうりといかの酢の物 青菜の味噌汁 魚屋来る（いさき、いか）

6／1(水) 曇（21度）	〈朝〉食パン、牛乳 コーンスープ ゆで玉子 サラダ（サラダ菜、りんご、トマト、うど、バナナ、みかん） 〈おやつ〉よもぎ餅のつけやき	かつおとふきの煮もの（しょうが） 切干しと油揚げのうす味煮 しらすと大根おろしの酢の物 にらの味噌汁
6／2(木) 曇ときどき小雨（20度）	〈朝〉食パン、牛乳 ゆで玉子 サラダ（サラダ菜、新じゃが、さつま芋、きぬさや、わかめ、グリーンアスパラ、トマト、りんご、バナナ） 〈おやつ〉ゆであずき、白玉	貞―甘鯛の味噌漬け さやと小がんものうす味煮 のり とろろこぶのおすまし 〈恭―富永さんと野球見物（ドーム）、外食（うなぎ丼）〉
6／3(金) 雨（21度）〈風〉	〈朝〉雑炊（鳥ささみ、にら、しらす） サラダ（レタス、アメリカさくらんぼ、バナナ、みかん、うど、メロン） 〈おやつ〉くず	あわびとすずきのバタ焼き（さや、グリーンアスパラ、にんじんのつけ合せ） たたみいわし のり 鳥と野菜のスープ（鳥の皮、ねぎ、玉ねぎ、にんじん）
6／4(土) 曇（25度）〈風〉〈午後晴れてくる〉	〈朝〉食パン、牛乳 きゃべつ、ハム、ピーマンのバタ炒め 〈おやつ〉ゆであずき、白玉	まぐろのお刺身 山芋、にんじん、こんにゃく、鳥、椎茸の煮こみ そら豆の甘煮 にらの味噌汁 魚屋来る（まぐろ、きすのひらき、えぼ鯛干物）

6／5(日) 晴（24・5度）	〈朝〉ざるそば（よもぎそば）、ねぎ、のり サラダ（レタス、さや、さくらんぼ、バナナ、トマト、さつま芋） 〈おやつ〉牛乳	天ぷら（車えび、きす、さや、かぼちゃ、グリーンアスパラ） うどの梅酢あえ 花豆の甘煮 大根千切りの味噌汁
6／6(月) 晴（24度）	〈朝〉食パン（恭）、ご飯（貞） ゆで玉子 サラダ（レタス、にんじん、わかめ、ししとう、きゃべつ、アメリカンチェリー、ニューサマーオレンジ、プリンスメロン） 〈おやつ〉おしるこ	ひらめのお刺身 いかときゅうりの酢の物 なすの油焼き（しょうが味噌） 鳥と野菜のおすまし （マッシュルーム）
6／7(火) 晴（25度）	〈朝〉食パン、牛乳 目玉焼き サラダ（レタス、さつま芋、じゃが芋、きゃべつ、バナナ、トマト、プリンスメロン、ニューサマーオレンジ） 〈おやつ〉プチケーキ	かつおのたたき（しょうが、ねぎ） たこの酢味噌あえ （きゅうり、うど） さつま芋の甘煮 とろろ汁 魚屋来る（舌びらめ、かつおのたたき、小いか）
6／8(水) 晴（26度）	〈朝〉食パン、牛乳 ゆで玉子 サラダ（バナナ、トマト、じゃが芋、みかん） 〈おやつ〉和菓子、緑茶	焼鳥（鳥もも肉、ねぎ） おむすび（黒ゴマ、白ゴマ） 紅鮭 いかときゅうりの酢の物 わかめ、油揚げの味噌汁

6／9㈭ 小雨、曇（24度）	〈朝〉食パン、牛乳 ゆで玉子 サラダ（さつま芋、ししとう、わかめ、バナナ、トマト、リンゴ、プリンスメロン） 〈おやつ〉和菓子	牛肉となすの煮もの あわび、すずき、ピーマンのバタ炒め ほうれん草の黒ゴマあえ やきとおし 岩のりの味噌汁 〈お客様〉お食事
6／10㈮ 曇（24度）	〈朝〉クロワッサン、バターロール ゆで玉子 きゃべつ、ベーコン、ピーマンのバタ炒め 〈おやつ〉おしるこ	かんぱちの卵とふきの煮もの いさきの塩焼き そら豆の甘煮 大根千切りの味噌汁
6／11㈯ 晴（22度）	〈朝〉食パン、バターロール、牛乳 ゆで玉子 サラダ（レタス、りんご、バナナ、トマト、さつま芋、みかん、青豆） 〈おやつ〉おしるこ（恭） 〈貞ー朝日新聞社ゆき〉	かんぱちのお刺身 車えびのマヨネーズあえ なすの油焼き（しょうが味噌） とろろこぶのおすまし 魚屋来る（車えび、かんぱち、たこ）
6／12㈰ 小雨のち曇（21度）	〈朝〉雑炊（鳥ささみ、ねぎ、玉子） やきとおし（まぜ味噌）	天ぷら（車えび、きす、にんじん、ししとう） たこときゅうりの酢の物 そら豆の甘煮 こうや豆腐の味噌汁

6／13(月) 曇のち晴（21度）	〈朝〉ざるうどん（ねぎ） ゆで玉子 サラダ（プリンスメロン、レタス、きゃべつ、ししとう、わかめ、バナナ、りんご） 〈おやつ〉おしるこ	まぐろの山かけ いか入り納豆（いか、椎茸、ねぎ、玉子黄身） 小松菜のおひたし 揚げ玉の味噌汁
6／14(火) 晴（25度）	〈朝〉食パン、牛乳 ゆで玉子 サラダ（レタス、ピーマン、さつま芋、じゃが芋、きゃべつ、トマト、プリンスメロン、バナナ、みかん〈缶〉） 〈おやつ〉くず	鯛の塩焼き 大根と鳥、しらたきの炒め煮 わかめとしらすの酢の物 さつま芋の味噌汁 魚屋来る（鯛、あじ干物、かつお、いか、すずき）
6／15(水) 曇ときどき晴（24度）	〈朝〉食パン、牛乳 ゆで玉子 きゃべつ、ベーコン、生椎茸の炒め 〈おやつ〉ゆであずき、白玉	かつおのたたき（ねぎ、しょうが） こんにゃくの田楽（しょうが味噌） やきとおし わかめ、ねぎ、小がんもの味噌汁
6／16(木) 曇ときどき晴（25度）	〈朝〉食パン、牛乳 ゆで玉子 サラダ（レタス、さつま芋、にんじん、ピーマン、プリンスメロン、トマト、りんご、バナナ、レーズン） 〈おやつ〉おしるこ	じゃが芋と肉の炒め合せ（ねぎ、しょうが） いわしの丸干し ほうれん草のごまよごし 生椎茸の味噌汁

6／17(金) 晴(25度)	〈朝〉雑炊(鳥ささみ、ねぎ、ぎんなん) やきとおし らっきょう、小かぶときゅうりの塩もみ サラダ(レタス、バナナ、白桃(缶)、トマト、レーズン) 〈おやつ〉牛乳	ひらめのバタ焼き (ピーマン) 車えび、アスパラガスのマヨネーズあえ 鳥と大根、しらたきの煮こみ とろろこぶのおすまし
6／18(土) 曇(24度)	〈朝〉食パン、バターロール、牛乳 目玉焼き サラダ(レタス、にんじん、さつま芋、きゃべつ、トマト、青しそ、バナナ、りんご) 〈おやつ〉くず	天ぷら(車えび、さつま芋、にんじん、ししとう) たこときゅうりの酢の物 ほうれん草のおひたし わかめとねぎの味噌汁 魚屋来る(車えび、まぐろ)
6／19(日) 曇(24度)	〈朝〉食パン、牛乳 ゆで玉子 サラダ(バナナ、サラダ菜、白菜、アスパラ、トマト) 〈おやつ〉プリン	まぐろの山かけ(のり、わさび) いかの煮つけ 花豆の甘煮 天ぷら(残り)の味噌汁 今日からお新香にらっきょうの蜂蜜漬けを出す。 漬物―きゅうり、小かぶ、なす、らっきょう
6／20(月) 晴ときどき曇(24・5度)	〈朝〉食パン、牛乳 ゆで玉子 サラダ(レタス、サラダ菜、にんじん、じゃが芋、さつま芋、ししとう、バナナ、りんご、トマト、レーズン) 〈おやつ〉フルーツゼリー	牛肉となすの煮もの あじの干物 大根、にんじん、しらたきのなます こうや豆腐、椎茸の味噌汁

6／21㊋ 曇（22度）	〈朝〉食パン、牛乳 目玉焼き サラダ（サラダ菜、バナナ、にんじん、りんご、さつま芋、トマト、ししとう、メロン、アスパラ〈缶〉） 〈おやつ〉プリン、ゼリー	鯛のお刺身 いかのうにあえ ほうれん草と油揚げのうす味煮 大根千切りの味噌汁 魚屋来る（まぐろ、鯛、いさき、えぼ鯛干物）
6／22㊌ 曇ときどき晴（21度）	〈朝〉ご飯 納豆 玉子の味噌汁 きゃべつ、きゅうり、にんじんの塩もみ あじの干物 〈おやつ〉クッキー	甘鯛の味噌漬け かぼちゃの甘煮 いんげんのおひたし（花かつお） とろろこぶのおすまし
6／23㊍ 曇のち晴（24度）	〈朝〉食パン、牛乳 ゆで玉子 サラダ（サラダ菜、にんじん、かぼちゃ、さつま芋、いんげん、ホームランメロン、トマト、バナナ、りんご、さくらんぼ） 〈おやつ〉西瓜	お好みずし（まぐろ、のり） たたききゅうり（しょうが） 茄子の油焼き（白ねり味噌） なめこの味噌汁 さくらんぼ
6／24㊎〈台風余波〉 雨（22度）	〈朝〉食パン、牛乳 ゆで玉子 サラダ（サラダ菜、白桃、りんご、さくらんぼ、バナナ） 〈おやつ〉ケーキ	鯛のあらだき（しょうが） 湯豆腐（花かつお、ねぎ） のり 椎茸と油揚げの味噌汁

6／25(土)〈台風余波〉 雨（22度）	〈朝〉食パン、牛乳 ゆで玉子 サラダ（レタス、にんじん、さつま芋、かぼちゃ、いんげん、ししとう、バナナ、トマト、ホームランメロン） 〈おやつ〉西瓜、小ケーキ（貞）	鳥めし（鳥、ごぼう、にんじん、青豆の炊きこみ） すずきときゅうりの酢の物 ほうれん草のおひたし おすまし（山芋すりおろし） 〈食後〉ぶどう（種なし）
6／26(日)〈湿度90％〉 雨（23度）	〈朝〉食パン、牛乳 ゆで玉子 サラダ（レタス、白桃、バナナ、りんご、さくらんぼ、アスパラ） 〈おやつ〉西瓜	天ぷら（車えび、一口なす、ししとう、さつま芋、にんじん） わかめとしらすの酢の物 花豆の甘煮 豆腐となめこの味噌汁 〈食後〉さくらんぼ
6／27(月) 雨（22度）	〈朝〉食パン、牛乳 ゆで玉子 サラダ（レタス、にんじん、じゃが芋、いんげん、きゃべつ、トマト、バナナ、りんご） 〈おやつ〉さくらんぼ、和菓子（名古屋名産）	牛肉となすの煮もの やきとおし ほうれん草のごまよごし 大根千切りの味噌汁 〈食後〉ぶどう
6／28(火) 小雨（22度）	〈朝〉クロワッサン、バターロール、牛乳 目玉焼き サラダ（レタス、にんじん、さつま芋、いんげん、かぼちゃ、トマト、りんご、バナナ） 〈おやつ〉プチケーキ	いさきと車えびの箔蒸し（ピーマン、玉ねぎ、生椎茸） グリーンアスパラのサラダ パリ風鳥ご飯 玉ねぎのスープ 〈食後〉さくらんぼ

6／29㈬ 曇（21・5度）	〈朝〉食パン、牛乳 ゆで玉子 サラダ（レタス、りんご、さつま芋、トマト、きゅうり、バナナ） 〈おやつ〉和菓子	鯛の塩焼き 鯛の子と山ぶきの煮もの のり 生椎茸と玉ねぎの味噌汁 〈食後〉ぶどう（アレキサンダー）
7／1㈮〈前夜大雨〉 曇のち晴（21度）	〈朝〉食パン、牛乳 ゆで玉子 サラダ（レタス、トマト、りんご、バナナ、グリーンアスパラ、さくらんぼ） 〈おやつ〉おしるこ	焼鳥（鳥もも肉、ねぎ） おむすび（黒ゴマ、白ゴマ） なすの油焼き（ねり味噌） ほうれん草のおひたし 生椎茸の味噌汁 〈食後〉北海道メロン
7／2㈯ 晴（22度）	〈朝〉もりうどん、ねぎ、ちくわ サラダ（レタス、トマト、さつま芋、りんご、じゃが芋、かぼちゃ、いんげん、ピーマン、バナナ） 〈おやつ〉おしるこ	まぐろの山かけ（山芋、のり、わさび） たことときゅうりの酢の物 きんぴら（ごぼう、にんじん、白ゴマ） 大根千切りの味噌汁 〈食後〉北海道メロン
7／3㈰ 曇（22度）	〈朝〉雑炊（ご飯残り、鳥ささみ、ぎんなん、ねぎ、玉子） サラダ（レタス、さつま芋、バナナ、トマト、ぶどう、きゅうり） 〈おやつ〉さくらんぼ	じゃが芋と牛肉の炒め合せ中国風（ねぎ、しょうが） 紅鮭 のり こうや豆腐の味噌汁 〈食後〉北海道メロン

6／30㈭　風邪のため記載なし

7／4(月) 曇ときどき晴（21・5度）	〈朝〉食パン、牛乳 ゆで玉子 サラダ（レタス、にんじん、さつま芋、かぼちゃ、ピーマン、いんげん、りんご、バナナ、メロン、トマト、巨峰） 〈おやつ〉ゆであずき、白玉	まぐろの照り焼き （大根おろし） 焼きなす（花かつお） さつま芋の甘煮 生椎茸、天かすの味噌汁 〈食後〉北海道メロン
7／5(火) 曇（22度）	〈朝〉食パン、牛乳 ゆで玉子 サラダ（レタス、大根、きゅうり、ピーマン、トマト、りんご、青しそ、巨峰） 〈おやつ〉マスクメロン	かんぱちのお刺身 いかの煮つけ しらすとおろし 納豆とねぎの味噌汁 〈食後〉ぶどう 魚屋来る（かんぱち、かつお、いか、鯛、しらす、えぼ鯛干物）
7／6(水) 曇（22度）	〈朝〉スパゲッティ（ベーコン、玉ねぎ、トマトケチャップ） ゆで玉子 サラダ（レタス、バナナ、りんご、グリーンアスパラ） 〈おやつ〉京都干菓子	えぼ鯛干物 枝豆の塩ゆで 焼きなす（ねり味噌） 吉野鳥のおすまし （鳥のささみ、しその葉） 〈食後〉北海道メロン
7／7(木) 晴（24度）	〈朝〉食パン（恭）、そうめん（貞）、牛乳 ゆで玉子 サラダ（レタス、にんじん、かぼちゃ、枝豆、バナナ、トマト、メロン、りんご、青しそ、さつま芋） 〈おやつ〉おしるこ	うなぎの蒲焼き かまぼこ たこときゅうりの酢の物 大根千切りの味噌汁 〈食後〉ぶどう（巨峰）

7／8㈮ 曇（26度）	〈朝〉食パン、牛乳 ゆで玉子 サラダ（レタス、りんご、さつま芋、トマト、バナナ、レーズン） 〈おやつ〉西瓜	かつおの煮つけ（しょうが） 冷や奴（花かつお、ねぎ） しらすと大根おろし とろろこぶのおすまし 〈食後〉ぶどう（種なし）
7／9㈯ 晴ときどき曇（28度）	〈朝〉食パン、牛乳 ベーコン・エッグ サラダ（レタス、りんご、メロン、トマト、バナナ） 〈おやつ〉おしるこ	天ぷら（車えび、玉ねぎ、さつま芋、ピーマン） きんぴら しらす 豆腐の味噌汁 〈食後〉西瓜
7／10㈰ 曇ときどき小雨（28・5度）	〈朝〉天ぷらうどん ご飯（きゅうりもみ、きんぴら） サラダ（レタス、バナナ、メロン、トマト、りんご） 〈おやつ〉あげ餅（手製）	すきやき風（牛肉、ねぎ、しらたき、豆腐、玉子） かまぼこ ほうれん草のおひたし 岩のりの味噌汁 〈食後〉西瓜
7／11㈪ 曇、小雨（26度）	〈朝〉食パン、牛乳 ゆで玉子 サラダ（きゃべつ、ピーマン、にんじん、さつま芋、じゃが芋、トマト、りんご、マスカット、かいわれ） 〈おやつ〉アップルジュース	車えびのマヨネーズあえ 枝豆ご飯 きゃべつのピーナッツバタあえ 紅鮭 玉ねぎのスープ 〈食後〉プリンスメロン

7／12(火) 晴（26度）	〈朝〉食パン、牛乳 ゆで玉子 サラダ（レタス、じゃが芋、にんじん、ピーマン、トマト、りんご、かいわれ、枝豆、みかん、ぶどう） 〈おやつ〉ゆであずき、白玉	かんぱちのお刺身 焼きなす（ねり味噌） かまぼこ 油揚げとねぎの味噌汁 〈食後〉プリンスメロン 植木屋二人、魚屋来る（ひらめ、かんぱち、いさき、あじ干物）
7／13(水) 曇ときどき小雨（24度）	〈朝〉食パン、牛乳 ゆで玉子 サラダ（きゃべつ、いか、バナナ、みかん、プリンスメロン） 〈おやつ〉クッキー	湯豆腐（ねぎ、花かつお） いさきの塩焼き ぜんまいと油揚げの煮つけ 天ぷら（残り）の味噌汁 〈食後〉ぶどう
7／14(木) 小雨（23度）	〈朝〉食パン、牛乳 目玉焼き サラダ（レタス、にんじん、さつま芋、じゃが芋、トマト、りんご、ぶどう、ピーマン、枝豆、かいわれ） 〈おやつ〉よもぎ餅のあべかわ	ひらめのうすづくり 鳥と野菜の炒め煮 （鳥もも肉、にんじん、こんにゃく、枝豆） のり 大根千切りの味噌汁 〈食後〉ぶどう
7／15(金) 小雨（24度）	〈朝〉食パン、牛乳 ゆで玉子 サラダ（きゃべつ、ピーマン、玉ねぎ、枝豆、トマト、バナナ） 〈おやつ〉よもぎ餅のあべかわ	天ぷら（車えび、さつま芋、ピーマン） 紅鮭 ほうれん草のおひたし 豆腐の味噌汁 〈食後〉メロン

7／16㈯ 小雨（24度）	〈朝〉食パン、牛乳 ゆで玉子 サラダ（レタス、バナナ、にんじん、ぶどう、さつま芋、じゃが芋、ピーマン、トマト、りんご、かいわれ） 〈おやつ〉和菓子	〈恭〉うなぎの蒲焼き さつま芋の甘煮 しらすとおろしの酢の物 椎茸と油揚げの味噌汁 〈貞―講演、出かける前に押しずし少々、帰宅後お茶漬け〉
7／17㈰〈湿度80％〉 雨（24度）	〈朝〉食パン、牛乳 ゆで玉子 サラダ（レタス、りんご、バナナ、みかん、玉ねぎ、ポテト、レーズン） 〈おやつ〉和菓子	うなぎの押しずし うどんかけ（かまぼこ、ねぎ）〈お好みにより〉 グリーンアスパラのおひたし 佃煮 〈食後〉ぶどう、バナナ
7／18㈪ 曇（23度）	〈朝〉食パン、牛乳 目玉焼き サラダ（レタス、ピーマン、にんじん、枝豆、さつま芋、じゃが芋、トマト、りんご、バナナ） 〈おやつ〉くず	牛肉となすの煮もの まだらの干物 さやいんげんのおひたし 豆腐、揚げ玉の味噌汁
7／19㈫ 曇（22度）	〈朝〉食パン、牛乳 ゆで玉子 サラダ（きゃべつ、ピーマン、いんげん、にんじん、さつま芋、じゃが芋、トマト、りんご、バナナ） 〈おやつ〉おしるこ	うなぎの蒲焼き 青豆のうに玉子 いんげんのおひたし とろろこぶのおすまし

7／20㈬ 曇（22・5度） 〈朝〉クロワッサン、バターロール ゆで玉子 サラダ（恭―レタス、さつま芋、さや、バナナ、トマト、しその葉 貞―トマト〈大〉、バナナ、しその葉） 〈おやつ〉クッキー	かんぱちの照り焼き いかときゅうりの酢の物 いんげんの黒ごまあえ こうや豆腐、揚げ玉の味噌汁
7／21㈭ 雨（22度） 〈朝〉バターロール、クロワッサン、牛乳 ゆで玉子 サラダ（きゃべつ、にんじん、かぼちゃ、ピーマン、枝豆、りんご、バナナ、トマト） 〈おやつ〉ゆであずき、白玉	鳥肉のすきやき（鳥もも肉、しらたき、ねぎ、生椎茸、玉子、うどん） 紅鮭 のり 大根千切りの味噌汁
7／22㈮ 曇（22度） 〈朝〉玄米よもぎ餅のお雑煮（恭）、雑炊（貞） サラダ（レタス、バナナ、りんご、みかん、レーズン、トマト） 〈おやつ〉おしるこ	おこぜといかのお刺身 うなぎときゅうりのザクザク グリーンアスパラのおひたし 生椎茸と揚げ玉の味噌汁 植木屋さん　三人
7／23㈯ 曇（21度） 〈朝〉クロワッサン、バターロール ゆで玉子 サラダ（レタス、プリンスメロン、みかん、きゅうり、トマト、バナナ） 〈おやつ〉紅茶、クッキー	鯛の塩焼き かぼちゃと生椎茸のバタ焼き やきとおし わかめ、油揚げの味噌汁 植木屋さん　二人

7／24(日) 曇(21度)	〈朝〉うどんかけ(かまぼこ、ねぎ、生椎茸) サラダ(レタス、プリンスメロン、りんご、レーズン、バナナ、トマト) 〈おやつ〉牛乳、クッキー	天ぷら(車えび、かぼちゃ、なす、のり) 枝豆の塩ゆで アスパラのおひたし みょうが、青しその味噌汁
7／25(月) 曇(21度)	〈朝〉食パン、牛乳 ベーコン・エッグ サラダ(さつま芋、かぼちゃ、ピーマン、きぬさや、青しそ、生椎茸、レタス、バナナ、りんご、ぶどう、にんじん) 〈おやつ〉くず	鯛のあらだき(針しょうが) なすの焼きもの(田楽みそ) 枝豆のおろしあえ ねぎ、揚げ玉の味噌汁
7／26(火) 曇(21・5度)	〈朝〉食パン、牛乳 ゆで玉子 サラダ(レタス、にんじん、かぼちゃ、さつま芋、枝豆、トマト、いんげん、バナナ、りんご、青しそ) 〈おやつ〉お餅つけやき	じゃが芋と鳥のふくめ煮 うなぎときゅうりのザクザク(しょうが汁) かまぼこ わかめと揚げ玉の味噌汁
7／27(水) 雨(21度)	〈朝〉食パン、牛乳 ゆで玉子 サラダ(レタス、りんご、バナナ、プリンスメロン、さくらんぼ、きゅうり、枝豆) 〈おやつ〉おしるこ	ひらめのバタ焼き(ピーマン、なす) パリ風鳥ご飯(鳥、玉ねぎ、青豆、固形スープ) 鳥と野菜のスープ(鳥の皮、玉ねぎ、にんじん、ピーマン、白ねぎ)

7／28(木) 雨（21度）	〈朝〉食パン、牛乳 ゆで玉子 サラダ（レタス、さつま芋、にんじん、ピーマン、きぬさや、トマト、ぶどう、バナナ） 〈おやつ〉紅茶、クッキー	焼肉（牛肉、大根おろし） ふき、油揚げ、椎茸の煮もの のり さつま芋の味噌汁
7／29(金) 雨（21度）	〈朝〉食パン、牛乳 ゆで玉子 炒めサラダ（きゃべつ、ベーコン、コーン） 〈おやつ〉和菓子	いさきの塩焼き こんにゃくと鳥の煮こみ いかの煮つけ ねぎ、油揚げの味噌汁
7／30(土) 曇ときどきうす陽（22度）	〈朝〉食パン、牛乳 ゆで玉子 サラダ（レタス、にんじん、さつま芋、かぼちゃ、ピーマン、トマト、いんげん、バナナ、ぶどう、メロン） 〈おやつ〉アップルジュース、クッキー	さわらの味噌漬け うにのまぜご飯 枝豆の塩ゆで かぼちゃの甘煮 大根千切りの味噌汁
7／31(日) 晴（23度）	〈朝〉食パン、牛乳 ゆで玉子 サラダ（レタス、りんご、コーン、さつま芋、レーズン、トマト、バナナ） 〈おやつ〉アップルジュース、クッキー	じゃが芋と鳥のふくめ煮 なすの油焼き かまぼこ かきたま汁

8／1(月) 晴（25度）	〈朝〉食パン、牛乳 目玉焼き サラダ（レタス、さつま芋、にんじん、かぼちゃ、いんげん、トマト、ピーマン、バナナ、ふき、みかん〈缶〉） 〈おやつ〉くず（恭）、麦茶（貞）	ひらめのフライ（きゃべつ、ポテト、いんげん） たらこの焼きもの のり わかめとねぎの味噌汁
8／2(火)〈台風余波〉 雨（25度）	〈朝〉食パン、牛乳 サラダ（レタス、にんじん、さつま芋、じゃが芋、かぼちゃ、トマト、いんげん、ピーマン、みかん、バナナ、りんご） 〈おやつ〉ゆであずき、白玉	鯛の塩焼き ふき、油揚げ、椎茸の煮もの さつま芋の甘煮 こうや豆腐の味噌汁
8／3(水)〈台風余波〉 雨（25度）	〈朝〉食パン（恭）、おじや（貞） 牛乳 ゆで玉子 炒めサラダ（きゃべつ、ピーマン、ベーコン） 〈おやつ〉牛乳、クッキー	牛肉となす、しらたきの煮もの きゅうりとしらすの酢の物 小松菜のごまよごし みょうがの味噌汁
8／4(木) 曇ときどき晴（26度）	〈朝〉食パン、牛乳 目玉焼き サラダ（きゅうり、バナナ、レタス、みかん、さくらんぼ） 〈おやつ〉白玉のきなこあえ	うなぎの蒲焼き 枝豆の塩ゆで こうや豆腐とかまぼこ、椎茸の炊き合せ さや、しその葉の味噌汁

8／5(金) 晴（30・5度） 〈朝〉ざるうどん（のり、ねぎ） サラダ（きゃべつ、バナナ、さつま芋、枝豆、レーズン） 〈おやつ〉牛乳、クッキー	うなぎの押しずし かぼちゃの甘煮 さやのおひたし（花かつお） とろろこぶのおすまし
8／6(土) 晴（28・5度） 〈朝〉食パン、牛乳 ゆで玉子 サラダ（レタス、にんじん、さつま芋、いんげん、ピーマン、トマト、バナナ、りんご、スイートコーン、ぶどう） 〈おやつ〉つめたいあずき、麦茶	焼鳥 おむすび（白ゴマ、黒ゴマ） ちくわ（わさび） 枝豆の塩ゆで みょうがの味噌汁 水道屋さん二人（玄関水はけなおし） おやつ（そうめん、ねぎ、ゴマ）
8／7(日) 曇のち晴（28度） 〈朝〉食パン、牛乳 ゆで玉子 サラダ（レタス、りんご、枝豆、とうもろこし、みかん、バナナ、トマト） 〈おやつ〉アイスクリーム、麦茶	夏のちらしずし（うなぎ、玉子、枝豆、すしのもと〈ごぼう、筍、椎茸〉、のり） 花豆の甘煮 冷たいおすまし（そうめん、ちくわ）
8／8(月) 晴（29度） 〈朝〉クロワッサン、バターロール 目玉焼き サラダ（レタス、玉ねぎ、いんげん、バナナ、ピーマン、りんご、トマト） 〈おやつ〉くずまんじゅう、緑茶	えぼ鯛の干物 冷や奴（花かつお、ねぎ） うなぎの肝の佃煮 ちくわ、ねぎの味噌汁

8／9㈫ 晴（29度）	〈朝〉食パン、牛乳 ゆで玉子 サラダ（レタス、バナナ、玉ねぎ、みかん（缶）、いんげん、トマト、さくらんぼの蜂蜜漬け） 〈おやつ〉アイスクリーム 鳥とこんにゃくの冷やしづくり（鳥ささみ、こんにゃく、きゅうり、レモン、わさび） 西京漬けの焼きもの（さわらの味噌漬け） 枝豆のおろしあえ 冷たいおすまし（そうめん、しその葉） 〈お客様〉お食事
8／10㈬〈台風余波〉 雨（29度）	〈朝〉食パン（恭）、おじや（貞） サラダ（レタス、みかん、バナナ、トマト、さつま芋、グリーンアスパラ） 〈おやつ〉ゆであずき、白玉 すきやき風（牛肉、しらたき、ねぎ、焼豆腐） かまぼこ のり にらの味噌汁
8／11㈭〈台風余波〉 雨（27度）	〈朝〉ざるうどん（のり、ねぎ） かまぼこ サラダ（レタス、バナナ、ピーマン、ぶどう、みかん、みょうが、トマト） 〈おやつ〉くず かんぱちの照り焼き なすの油炒め ちくわと小松菜のうす味煮 みょうが、玉子の味噌汁
8／12㈮〈台風余波〉 雨、午後から曇（26度）	〈朝〉食パン、牛乳 ゆで玉子 サラダ（レタス、バナナ、りんご、ピーマン、レーズン、かぼちゃ） 〈おやつ〉クッキー いかの煮つけ 冷や奴 かぼちゃの甘煮 大根千切りの味噌汁

8／13(土)
晴（28度）
〈朝〉クロワッサン、バターロール
ゆで玉子
サラダ（レタス、白桃、きゅうり、りんご、レーズン、グリーンアスパラ）
〈おやつ〉おしるこ
〈外食〉うなぎ（白焼き、肝、鯉こく、蒲焼き、梨、アレキサンダー）

8／14(日)〈前夜豪雨〉
晴（28度）
〈朝〉食パン、牛乳
ゆで玉子
サラダ（レタス、玉ねぎ、白桃、いちじく、いんげん、さや）
さわらの味噌漬け
焼豆腐とこんにゃくの煮こみ
小松菜のごまよごし
にらの味噌汁

8／15(月)
曇（27度）
〈朝〉食パン、牛乳
ゆで玉子
サラダ（きゃべつ、コーン、ピーマン、きぬさや、いんげん、トマト、さつま芋、かぼちゃ、桃、にんじん）
〈おやつ〉瓦せんべい、おまんじゅう
牛肉となすの炒め煮
紅鮭
しらすと大根おろし
わかめと油揚げの味噌汁

8／16(火)
曇（28度）
〈朝〉食パン、牛乳
ベーコン・エッグ
サラダ（レタス、にんじん、きぬさや、さつま芋、バナナ、ぶどう、トマト、コーン、りんご）
〈貞―仕事、ミルクがゆ、ベーコン・エッグ、トマト〉
〈おやつ〉カルピス
焼鳥（鳥もも肉、ねぎ）
おむすび（白ゴマ、黒ゴマ）
ちくわとにらのうす味煮
枝豆の塩ゆで
大根千切りの味噌汁

8／17(水) 雨、曇(25度)	〈朝〉食パン、牛乳 ゆで玉子 サラダ(レタス、りんご、さつま芋、ぶどう、青しそ、トマト) 〈おやつ〉おしるこ	天ぷら(車えび、にんじん、さつま芋) いんげんのおひたし たらこの焼きもの わかめ、ねぎの味噌汁
8／18(木) 雨、曇(27度)	〈朝〉食パン、牛乳 ゆで玉子 サラダ(レタス、トマト、にんじん、コーン、さつま芋、かぼちゃ、きぬさや、いんげん、みつば、バナナ、巨峰) 〈貞―そうめん、サラダ(トマト)、玉子〉 〈おやつ〉くず	鳥と大根、しらたきの炒め煮 あじの干物 枝豆のおろしあえ 焼豆腐の味噌汁
8／19(金) 曇ときどき晴(27度)	〈朝〉冷やしうどん(ねぎ、みょうが、のり) ゆで玉子 サラダ(レタス、りんご、ぶどう、バナナ、かぼちゃ、さや) 〈おやつ〉牛乳、クッキー	一口カツ(豚ヒレ肉、きゃべつ、さや) 玉ねぎと青しそのサラダ(花かつお) 紅鮭 みつばの味噌汁
8／20(土) 晴(28度)	〈朝〉クロワッサン、牛乳 ゆで玉子(恭) サラダ(レタス、にんじん、きぬさや、ピーマン、巨峰、トマト、りんご、バナナ) 〈貞―雑炊、玉子、ねぎ、トマト〉	小芋と鳥肉の照り煮 焼きなす のり 山芋の冷やし汁 〈貞―ロケ(高幡不動)、弁当―バターロール、ジャム、牛乳〉

8／21(日) 晴ときどき曇	〈朝〉バターロール、クロワッサン サラダ（レタス、りんご、バナナ、ぶどう、さや、トマト） 〈おやつ〉おまんじゅう（高幡不動みやげ）	西京焼き（さわらの味噌漬け） こんにゃくの田楽 枝豆の塩ゆで さつま芋の味噌汁
8／22(月) 晴（29度）	〈朝〉クロワッサン、バターロール（恭）、ミルクがゆ（貞）、目玉焼き、牛乳 サラダ（きゃべつ、にんじん、さつま芋、ピーマン、巨峰、トマト、バナナ、みかん、コーン、りんご、みつば） 〈おやつ〉おまんじゅう	うなぎの蒲焼き ほうれん草のごまよごし しらすと大根おろし （酢の物） 大根千切りの味噌汁
8／23(火) 晴ときどき曇（30度）	〈朝〉食パン、牛乳 ゆで玉子 サラダ（レタス、にんじん、さつま芋、にら、みつば、トマト、バナナ、りんご、みかん） 〈おやつ〉氷あずき （自家製）	鳥とこんにゃくの冷やしづくり（わさび醤油、鳥ささみ、きゅうり） 小芋ののりまぶし 小松菜のおひたし 冷たいおすまし（そうめん、ゆず）
8／24(水) 晴（30度）	〈朝〉クロワッサン、バターロール ゆで玉子 サラダ（きゃべつ、レタス、バナナ、みかん、りんご、トマト） 〈おやつ〉おまんじゅう（恭）	こうや豆腐、かまぼこ、椎茸の炊き合せ うなぎときゅうりのザクザク グリーンアスパラのおひたし わかめ、油揚げの味噌汁 〈貞―仕事〉

8／25㈭ 曇（29度）	〈朝〉食パン、牛乳 目玉焼き サラダ（きゃべつ、にんじん、さつま芋、ピーマン、きぬさや、トマト、バナナ、りんご、パイン、みかん） 〈おやつ〉冷やしうどん（恭）	じゃが芋と牛肉の炒め合せ（じゃが芋、牛肉、ねぎ、しょうが） 枝豆の塩ゆで きんぴら わかめの味噌汁	〈貞―仕事〉
8／26㈮ 晴ときどき曇（28度）	〈朝〉バターロール、クロワッサン、ゆで玉子（恭）、雑炊、玉子（貞） 〈おやつ〉冷やしうどん（恭）	すきやき風（牛肉と野菜） ちくわ（わさび） さやのおひたし とろろこぶのおすまし（恭）	〈貞―仕事九時～十一時、弁当―夏ずし（すしのもと、玉子、のり、いなだの酢漬け）、牛乳〉
8／27㈯〈夕立〉 曇（28度）	〈朝〉クロワッサン、バターロール、牛乳、ゆで玉子（恭）、昨夜のお弁当の残り（貞）、牛乳 サラダ（レタス、りんご、バナナ、白桃、パイン） 〈おやつ〉せんべい（恭）	さんまの塩焼き（大根おろし） 枝豆の塩ゆで かまぼこ 油揚げの味噌汁	〈貞―仕事〉
8／28㈰ 曇ときどき晴（28度）	〈朝〉食パン、牛乳（恭）、炒めごはん、玉ねぎ（貞） ゆで玉子 サラダ（レタス、バナナ、りんご、パイン、さや） 〈おやつ〉アイスクリーム（恭）	鯛のお刺身 冷たい焼きなす みつばのおひたし 大根千切りの味噌汁	〈貞―仕事〉

8／29㈪ 晴（29度）	〈朝〉食パン、牛乳 ゆで玉子 サラダ（レタス、さつま芋、にんじん、いんげん、みつば、トマト、バナナ、パイン、りんご、大根） 〈おやつ〉アイスクリーム	豚ヒレカツ（きゃべつ、いんげん） いかときゅうりの酢の物 ほうれん草のごまよごし さつま芋の味噌汁
8／30㈫〈秋風〉 曇ときどき晴（28度）	〈朝〉食パン、牛乳 ゆで玉子 サラダ（レタス、にんじん、かぼちゃ、いんげん、きぬさや、トマト、みつば、バナナ、りんご） 〈おやつ〉氷あずき	中鯛の焼きもの 焼油揚げ（大根おろし） 山芋の千切りの酢の物（花かつお） 納豆、ねぎの味噌汁
8／31㈬ 晴、曇（28度）	〈朝〉お雑煮（鳥ささみ、みつば、ゆず） ゆで玉子、牛乳 サラダ（レタス、バナナ、りんご、青豆、パイン、レーズン） 〈おやつ〉クッキー	うなぎの蒲焼き ちくわ（わさび） しらすときゅうりの酢の物 とろろこぶのおすまし 〈貞―仕事〉
9／1㈭ 曇ときどき晴（27度）	〈朝〉食パン、牛乳 ゆで玉子 サラダ（レタス、にんじん、さつま芋、かぼちゃ、いんげん、トマト、バナナ、りんご、コーン〈缶〉、レーズン、きゅうり） 〈おやつ〉クッキー㈹	さわらの味噌漬け 冷や奴（ねぎ、花かつお） かぼちゃの甘煮 みょうがの味噌汁 〈貞―仕事〉

季節の食卓十二ヶ月

〈昭和47年・51年・57年・61年の献立日記より〉

1月		
昭和47年	2(日) おせち料理 甘鯛塩焼き わかめの味噌汁	17(月) かに雑炊（えのき茸、小松菜）
昭和51年	9(金) 鳥のじぶ煮（鳥、ほうれん草、春菊、ねぎ、焼豆腐、しょうが） 塩鮭 かまぼこ、椎茸の味噌汁	23(金) 金目鯛のあら煮 さつま芋甘煮 ほうれん草のおひたし 豆腐の味噌汁（ねぎ、ゆず）
昭和57年	7(木) 煮こみうどん（大正えび、鳥のたたき、ほうれん草、みつば、ねぎ、にんじん） 花豆 ぜんまいとがんもどきの煮もの	16(土) 伊勢えびのマヨネーズ添え（ブロッコリー、アスパラ、サラダ菜） ポタージュ（コーン） ひらめ、めじまぐろのお刺身 生たらこ煮つけ わかめ、油揚げの味噌汁
昭和61年	23(木) うなぎの蒲焼き きすとわかめの酢の物 菜の花のおひたし うずら豆の甘煮 小かぶの味噌汁	26(日) ひらめの煮つけ あわび、マッシュルーム、ピーマン、ブロッコリーのバタ炒め しらすと大根おろし にらの味噌汁

24(月) グリーンピースご飯 鯛の煮つけ 里芋のうにあえ なめこの味噌汁	29(土) 天ぷら（車えび、あおりいか、きす、さつま芋、のり、ピーマン） えのき茸、にらの味噌汁
24(土) 煮こみおでん（白竹輪、焼竹輪、さつま揚げ、大根、焼豆腐、里芋、こんにゃく） 茶めし わかめと玉ねぎ酢の物 のりすい	31(土) 鯛のお刺身 五目豆 ほうれん草のおひたし 豆腐、油揚げの味噌汁
22(金) さわらの味噌漬け 焼油揚げ（大根おろし） かずのこ せりのおひたし なめこ、ゆずの味噌汁	27(水) 松葉がにの三杯酢 ひらまさのぬた（わかめ、ねぎ、針しょうが） 栗の渋皮煮 豆腐、油揚げの味噌汁
29(水) まぐろとすずきのお刺身 いかの煮もの 花豆の甘煮 にらの味噌汁	31(金) ひらめの箔蒸し（ひらめ、椎茸、ピーマン、玉ねぎ） あわび、アスパラ、ブロッコリーのバタ炒め オニオンスープ 紅鮭

2月	
昭和47年	5(土) うどんすき（手うちうどん、鳥、牛肉、生椎茸、さや、せり、ねぎ、白菜、ぎんなん） 鮭 9(水) まぐろご飯（まぐろ、のり、みつば） 里芋、こんにゃくの味噌田楽 わかめのからし醤油 にらの味噌汁
昭和51年	2(月) ぶり鍋（ぶり、かまぼこ、ほうれん草、ねぎ、椎茸、豆腐） のり いくら 6(金) 大根雑炊（大根、にんじん、みつば、さつま揚げ） さつま芋甘煮 雑魚しぐれ煮
昭和57年	6(土) 金目鯛の煮つけ（針しょうが） わかめとひらめの三杯酢 春菊のおひたし 油揚げ、せりの味噌汁 22(月) 海老コキール（伊勢えび、生椎茸、おろしチーズ、ホワイトソース） オニオンスープ のり　塩鮭 フルーツサラダ（いよかん、りんご、いちご）
昭和61年	2(日) おでん（こんにゃく、玉子、ちくわ、さつま揚げ） 鯛のお刺身 赤貝酢の物 春菊の味噌汁 10(月) しゃぶしゃぶ（牛肉、ねぎ、しらたき、小松菜、椎茸、白菜、生ゆば） かぼちゃの甘煮

13(日) 鮭のかす汁(鮭、大根、にんじん、こんにゃく、ねぎ、油揚げ) いか、椎茸納豆あえ きゅうり、たこの三杯酢	17(木) うにご飯 小松菜と竹輪のうす味煮 なめこの味噌汁
22(日) パリ風鳥ご飯 セシリア風魚ムニエル(すずき、アスパラ、じゃが芋) 野菜スープ(うかし実、ゆず麺)	23(月) ぶりのビフテキ風(おろし添え) 里芋とこんにゃくの味噌あえ のり にら、油揚げの味噌汁
27(土) ひらめのうすづくり 焼豆腐の田楽 鳥と里芋の照り煮 菜の花のからし酢あえ 生椎茸と油揚げの味噌汁	28(日) 牛肉のプレート焼き(牛肉、玉ねぎ、ピーマン、さつま芋、大根おろし) 塩鮭 わかめ、焼麩の味噌汁
15(土) かにのちらしずし(せいこがに、ぎんなん、ごぼう、椎茸、筍、かまぼこ、玉子、のり) 鳥のおすまし(鳥、ねぎ、ゆず)	16(日) ビーフステーキ(ポテト、ピーマン、アスパラ) オニオンスープ 紅鮭 生うに

3月		
昭和47年	16(木) むしがれい 牛肉とねぎの炊き合せ 黒豆 わかめの味噌汁	20(月) いいむし 若たけ汁
昭和51年	14(日) 越前がに（三杯酢） まぐろ照り焼き（おろし） ほうれん草ごまあえ 黒豆ふくめ煮 豆腐、油揚げの味噌汁	16(火) かにのバターライス（マッシュルーム、玉ねぎ、パセリ） すずきのフライ（さや、にんじん） コーンポタージュ
昭和57年	6(土) お好みずし（まぐろ、かまぼこ、たくあん、のり） ほうれん草と油揚げの煮つけ 栗の甘煮 里芋の味噌汁	10(水) 金目鯛のあら煮 焼油揚げ（大根おろし） 五目豆 小松菜の味噌汁
昭和61年	4(火) あずきご飯 小松菜のごまよごし 鯛とまぐろのお刺身 野菜と鳥の煮もの（鳥、焼豆腐、ごぼう、にんじん、こんにゃく、椎茸、かまぼこ） うどと油揚げの味噌汁	11(火) きすのフライ（ポテト、にんじん、レタス） しらすおろし 紅鮭 わかめとねぎの味噌汁

21(火)
ビーフステーキ（にんじん、さや）
トマト、玉ねぎサラダ（パセリ）
鮭
にらの味噌汁

22(水)
ぶり照り焼き
筍のかか煮
せり、なめこの味噌汁

25(木)
青豆ご飯
あじのマリネー
オニオンスープ
たらこ

27(土)
さわらの味噌漬け
こうや豆腐のオランダ煮（ふきの白煮付合せ）
のり
大根千切りの味噌汁

13(土)
まぐろどんぶり（めじまぐろ、のり、みつば）
さつま揚げの甘辛煮
わかめ、うど、さやの三杯酢
かきたま汁（玉子、しょうが、ねぎ）

25(木)
魚ちり（ひらめ、ひらめのアラ、豆腐、椎茸、餅、ねぎ）
かぼちゃの甘露煮
大根の味噌汁

17(月)
かにたま
たたみいわし
ほうれん草ごまよごし
にらの味噌汁

28(金)
ひらめのバタ焼き
うなぎときゅうりの三杯酢
ピーマン醤油煮
わかめと油揚げの味噌汁

4月		
昭和47年	2(日) 煮込みご飯（ふき、鳥、油揚げ） かまぼこ しらすぼしと大根おろし ゆば、椎茸のおすまし	10(月) とんかつ（ポテトフライ、レタス） たたみいわし わかめとねぎの味噌汁
昭和51年	4(日) 黒鯛のふぐつくり つくしといかの三杯酢 ピーマンの醤油煮 わかめ、セロリの味噌汁	5(月) さわらの味噌漬け こんにゃくの白あえ （こんにゃく、にんじん、椎茸） しらすおろし にらと油揚げの味噌汁
昭和57年	1(木) 車えびの姿煮 さわらの味噌漬け 焼油揚げ（大根おろし） 青豆ご飯 若たけ汁	2(金) 筍ずし（筍、しらすぼし、いりごま、玉子） ふき、鳥、かまぼこのうす味煮 さつま芋の甘煮 小松菜の味噌汁
昭和61年	10(木) 天ぷら（きす、鯛、貝柱、さつま芋、にんじん、さや） ほうれん草のおひたし 花豆の甘煮 にらの味噌汁	14(月) かつおの煮つけ（ふきうす味煮） しらすおろし うに 五目豆 わかめ、油揚げの味噌汁

15(土) ひらめのお刺身 五目豆 七色なます せり、油揚げの味噌汁	30(日) えび入りおこげ料理 しらすのしぐれ煮 玉ねぎスープ（きゅうり入り中国風）
14(水) すずきのフライ（レモン、ピーマン、にんじん） せりのごまあえ かまぼこ わかめ、ねぎの味噌汁	19(月) 筍ご飯（鳥、にんじん、筍、せり） あおりいかのごま焼き ほうれん草のおひたし 豆腐、ねぎの味噌汁
18(日) かつおのたたき 鳥、筍、ふき、がんもどきのうす味煮 黒豆 小かぶ、油揚げの味噌汁	21(水) きすの塩焼き（レモン） なまりとふきの煮つけ（木の芽） 青豆ごはん ほうれん草のおひたし 豆腐、油揚げの味噌汁
17(木) 青豆ご飯 ひらめの箔蒸し（玉ねぎ、ピーマン、マッシュルーム、にんにく、白ぶどう酒） にんじんギリシャ風 たたみいわし オニオンスープ	23(水) とんかつ（豚ヒレ、マッシュポテト、さや、にんじん） 玉ねぎの薄切りサラダ（花かつお） やきとおし 大根の味噌汁

5月

昭和47年	1(月) あじのフライ（じゃが芋のこなふき、にんじん、パセリ） 竹輪（わさび） ゆば、椎茸の味噌汁	5(金) 鍋焼田楽（豆腐、こんにゃくの木の芽田楽、八丁味噌田楽） 鮭 とろろのおすまし
昭和51年	2(日) にぎりずし（ひらまさ、かつお） かっぱ巻き なす、ピーマン炒め煮 黒豆 ゆば、椎茸の味噌汁	13(木) 車えび姿煮 そら豆の塩ゆで 新玉ねぎ三杯酢 わかめ、天かすの味噌汁
昭和57年	13(木) なまりとなすの煮つけ 青豆ご飯 たらこ わかめ、玉ねぎの酢の物 小かぶの味噌汁	24(月) 鳥肉のすきやき（鳥もも肉、焼豆腐、ねぎ、しらたき、春菊） そら豆の塩ゆで 塩鮭 にらの味噌汁
昭和61年	9(金) あじの細づくり かまぼこ、がんもどき、ふきのうす味煮 そら豆の塩ゆで にらの味噌汁	17(土) ひらまさのお刺身 大根おろしとしらすの酢の物 筍の土佐煮 山芋のすりおろしの味噌汁

9(火) かにピラフ ポタージュ サラダ（さやえんどう、玉ねぎ、くるみみじん切り、トマト）	24(水) かつおのお刺身（からし醤油） 筍、椎茸、こうや豆腐煮つけ 大根の味噌汁
17(月) わたりがにの三杯酢 鳥もつのみそ煮（こんにゃく） ほうれん草のおひたし 新わかめの茶碗むし	21(金) あじのマリネ かぼちゃの甘露煮 たたみいわしのり ほうれん草の味噌汁
27(木) あじの白酢あえ（豆腐、ごま、あじ、針しょうが） 小いかの煮つけ さつま揚げのおろし添え のり 小かぶ、油揚げの味噌汁	30(日) カレーライス（豚ヒレ肉） そら豆と玉ねぎ、パセリの炒めサラダ オニオンスープ いかなごの佃煮（くぎ煮）
18(日) 鯛の浜焼き（わさび） 鳥、かまぼこ、さやの煮もの ほうれん草のおひたし うどの味噌汁	26(月) 甘鯛の箔焼き（かぼちゃ、さや） スープ（鳥、玉ねぎ、にんじん、セロリ） そら豆の甘煮 たらこの焼きもの

6月		
昭和47年	2(金) 青豆のうに玉子 わらびと厚揚げの煮つけ	11(日) いか、いさきのお刺身 そら豆ふくませ煮 にらの味噌汁
昭和51年	2(水) なまりの南蛮風 そら豆の塩ゆで たたみいわし	17(木) きすのピカタ 伊勢えびのマヨネーズ焼き 玉ねぎのスープ しらす佃煮
昭和57年	1(火) 中国風鳥から揚げ（鳥もも肉、なす、ピーマン、からし） そら豆甘露煮 生ねぎのうす切り三杯酢 わかめ、油揚げの味噌汁	7(月) 小いかと焼豆腐の煮つけ そら豆、グリーンアスパラ、鳥ささみのバタ炒め 小松菜のおひたし 小かぶの味噌汁
昭和61年	14(土) すずきのお刺身 牛肉と新玉ねぎの煮もの いんげんのおひたし とろろ芋すりおろしの味噌汁	22(日) うなぎの蒲焼き 鯛といさきのお刺身 小いかときゅうりの酢の物 グリーンアスパラ、鳥（手羽）のピーナッツバタあえ

22(木) 枝豆の塩ゆで 芝えび油炒め（中国菜単・生菜蝦仁） 大根千切りの味噌汁	30(金) なまり、あわび、いんげんの煮つけ 枝豆の塩ゆで たらこの焼き物 わかめとねぎの味噌汁
23(水) なすのはさみ揚げ 紅鮭のレモン添え 山芋の冷やし汁 さやいんげんのごまあえ	27(日) すぶた やきいた しらすおろし わかめの味噌汁
16(水) 舌びらめのから揚げ（甘酢かけ） いんげんのおひたし たらこ わかめ、セロリの味噌汁	27(日) 甘鯛の酒むし（甘鯛、豆腐、ねぎ、大根） 納豆（いか、椎茸、玉子、ねぎ） ピーマンの醤油煮 油揚げ、わかめの味噌汁
27(金) 鯛の塩焼き 冷や奴 ふきと油揚げの煮もの さつま芋の味噌汁	29(日) かます（生）の塩焼き 鯛のはら子と焼豆腐の煮もの 大根おろしとしらすの酢の物 にらの味噌汁

7月		
昭和47年	5㈬ 牛肉の佃煮風 冷や奴 山芋のひやし汁	6㈭ ミラノ風ひとくちカツ トマト、小玉ねぎのサラダ コンソメスープ そうめん
昭和51年	3㈯ 舌びらめのバタ焼き（にんじん、いんげん） ポタージュ たらこ のり	4㈰ ビーフシチュー たらこ 焼きはんぺん（わさび醤油） 黒豆
昭和57年	9㈮ 木の葉カツ（豚ヒレ、いんげん、にんじん、サラダ菜） グリーンピースのポタージュ たらこ 松茸昆布佃煮	16㈮ えぼ鯛の干物 おでん（がんもどき、こんにゃく、焼豆腐、竹輪） 焼き黒鯛 わかめ、みょうがの三杯酢 ほうれん草の味噌汁
昭和61年	4㈮ さわらのお刺身 はも蒲焼き 枝豆の塩ゆで なす油焼き わかめ、油揚げの味噌汁	12㈯ すずきのうすづくり 牛肉となすの煮もの 枝豆のおろしあえ（三杯酢） とろろ芋の味噌汁

15(土) 鳥から揚げ（からし醤油） さつま芋甘煮 みょうがの味噌汁	21(金) かにのまき揚げ たたみいわし あさつきの味噌汁
9(金) 枝豆ご飯 甘鯛味噌漬け かぼちゃ甘露煮 甘鯛のうしお汁（みつば）	16(金) お赤飯 まぐろのお刺身 いんげんのおひたし ふきまめ おすまし（とろろ、青のり）
19(月) かき揚げ（白魚とみつば、鳥ささみと青豆） かまぼこ かぼちゃの甘露煮 わかめ、油揚げの味噌汁	22(木) 焼きなすのそぼろかけ 枝豆の塩ゆで いかの白づくり みつばの味噌汁
19(土) ちらしずし（すずき、ごぼう、椎茸、枝豆、玉子、のり、かまぼこ） いんげんごまよごし とろろこぶのおすまし	27(日) なすと牛肉の炒め煮 紅鮭 のり にら、油揚げの味噌汁

8月		
昭和47年	4(金) いわしの丸干し くらげ、かに、きゅうりの酢の物 ゆばとみょうがの味噌汁	10(木) ローストビーフ（ポテト、さや） スープ（肉汁、玉ねぎ、にんじん） トマトと玉ねぎサラダ ゼリー
昭和51年	8(日) ポテトスープフランス風 ストロガノフ 玉ねぎうす切りサラダ	14(土) うなぎの蒲焼き 焼かまぼこ わかめ、きゅうり、ねぎの酢の物 とろろこぶのおすまし
昭和57年	2(月) 焼鳥（鳥もも肉、レバー） おむすび（黒ゴマ、梅干） 枝豆塩ゆで さつま芋から揚げ（白ゴマ） みょうがの味噌汁	4(水) カレーライス（牛肉） 玉ねぎの冷たいスープ（パセリ） 果物サラダ（桃、バナナ、トマトのマヨネーズあえ） 松茸昆布
昭和61年	9(土) 中国風冷やし中華（生そば、ハム、きゅうり、椎茸、玉子、しその実） たらこの焼きもの ちりめんじゃこ、しその実の酢の物	11(月) すずきのあらい（きゅうり、しその葉） 里芋とこんにゃくの田楽 たたみいわし 枝豆と大根おろしの酢の物 とろろ芋の千切りの味噌汁

12(土) 牛肉といんげんのからし酢あえ やき板（わさび） 肉と野菜の冷たいスープ	18(金) お茶漬うなぎ 焼きなす 焼きうに 冷やし茶碗むし
17(火) ささみのうに焼き くらげ、鳥、きゅうりのピーナッツバタからし酢あえ たらこ わかめ、ねぎの味噌汁	19(木) 鳥とこんにゃく、きゅうりの冷やしづくり ふぐの味噌漬け さつま芋甘煮
9(月) 牛肉となすの炊き合せ いんげんのごまよごし のり 大根の味噌汁	27(金) 甘鯛のあらだき（針しょうが） 冷や奴 とろろ芋細切り三杯酢 もやし、油揚げの味噌汁
14(木) 冷やしそうめん（ハム、きゅうり、椎茸、玉子、しその葉） 紅鮭 なすの油炒め（田楽）	16(土) 柳川もどき（新ごぼう、牛肉、玉子） 焼きなす（なす、花かつお、しその実） 枝豆のおろし酢あえ

9月		
昭和47年	12(火) えびだんごの揚げもの かに豆腐の煮もの わさび漬け	13(水) さんま塩焼き（大根おろし） こうや豆腐とかまぼこ、椎茸の炊き合せ 大根千切りの味噌汁
昭和51年	17(金) すきやき（牛肉、鳥肉） とび魚の干物 春菊おひたし 梅干とわかめのおすまし	21(火) ひらまさのお刺身 肉入りきんぴらごぼう さつま芋の甘煮 椎茸、ゆばの味噌汁
昭和57年	10(金) いり豆腐（豆腐、にんじん、ごぼう、きくらげ、ねぎ） 鮭茶漬け 枝豆塩ゆで ほうれん草の味噌汁	23(木) 松茸ごはん 鯛の塩焼き 枝豆のおろしあえ さつま芋から揚げ（黒ごま） うしお汁（鯛のあら）
昭和61年	14(日) 舌びらめのムニエル（グリーンアスパラ、じゃが芋、にんじん） 青豆ご飯 紅鮭 オニオンスープ	17(水) 車えび、かまぼこ、ゆばの野菜巻きの煮もの こんにゃくの田楽 しらすときゅうりの酢の物 納豆とねぎの味噌汁

21(木)
あじのマリネ
クリームチキン
黒豆
のり
大根千切りの味噌汁

23(木)
はまちの照り焼き（大根おろし）
枝豆の塩ゆで
うに
豆腐、揚げ玉の味噌汁

25(土)
なまりとなすの煮つけ
かに、ほうれん草の酢の物
のり
わかめ、ねぎの味噌汁

21(日)
しめじご飯（しめじ、鳥、青豆）
かにとほうれん草の三杯酢
かきたま汁（玉子、みょうが）

30(土)
にぎりずし（かんぱち、あじ）
かっぱ巻き
たくあん巻き
とろろのおすまし（ゆず）

27(月)
えび入りクリームスープ
すずきのムニエル（じゃが芋、いんげん、アスパラ）
かまぼこ
しらすのおろしあえ

26(日)
天ぷら（きす、松茸、玉ねぎ、さつま芋、ピーマン、にんじん）
紅鮭
ほうれん草おひたし
みょうがの味噌汁

27(土)
そうだかつおの山かけ（のり）
鳥、ちくわ麩、栗の煮もの
みつばのおひたし
豆腐と油揚げの味噌汁

10月

昭和47年	8(日) 栗めし いかの煮つけ まぐろの山かけ おすまし（そうめん、ゆず）	12(木) 鯛のあら煮 鯛のうしお汁 さつま揚げのわさびおろし わさび漬けと大根おろし
昭和51年	8(金) 松茸ご飯 舌びらめのバタ焼き すずきののり酢あえ おすまし（豆腐、とろろこぶ）	24(日) 甘鯛の酒むし 月見とろろ（玉子） わかめとしらすの酢の物 油揚げ、ねぎの味噌汁
昭和57年	15(金) にんじんのポタージュ 車えびのマヨネーズ添え フランス風炒めご飯（ハム、しめじ、枝豆、玉ねぎ）	19(火) 鯛のお刺身 かまぼこと椎茸の煮もの ほうれん草としらすの三杯酢 のり うしお汁（鯛あたま）
昭和61年	8(水) 湯豆腐 まぐろのぬた（まぐろ、わかめ、ねぎ、しょうが） いかの煮つけ みょうがの味噌汁	21(火) 車えび、こうや豆腐、きぬさやの煮もの たこときゅうりの酢の物 にんじんのつや煮 しめじの味噌汁

26(木)
トマトブロス
ウインナ風豚カツ
いんげん豆のサラダ

30(月)
揚げ豆腐（おろしとなめこ）
くらげ、きゅうり、鳥肉の酢の物
さつま芋甘煮
わかめの味噌汁

28(木)
じゃが芋と牛肉の炒め合せ
枝豆おろしあえ
鮭
わかめの味噌汁

29(金)
とんかつ
とび魚の干物
春菊のおひたし
豆腐の味噌汁

24(日)
湯豆腐
すずきの塩焼き（きぬさや）
黒豆のふくめ煮
うに
しめじ、油揚げ、ねぎの味噌汁

26(火)
いさきのお刺身
なすの茶筅煮
車えび姿煮
松茸昆布佃煮
わかめ、油揚げの味噌汁

22(水)
しゃぶしゃぶ（牛肉、大根、ねぎ、しらたき、ほうれん草、椎茸）
ひじきと油揚げの煮もの
紅鮭

23(木)
かんぱちの塩焼き
いかの煮つけ
小松菜のおひたし
さつま汁（豚肉、にんじん、ごぼう、さつま芋）

11月		
昭和47年	5(日) 伊勢えびマヨネーズかけ（レタス、いんげん付合せ） コーンスープ トマト、玉ねぎのサラダ のり	9(木) 焼肉のおろしあえ 五目豆 ほうれん草の味噌汁
昭和51年	10(水) ちらしずし（芝えび、しらす、松茸、はす、かんぴょう、玉子、グリンピース、のり、赤しょうが） 小松菜のおひたし おすまし（そうめん、みつば）	21(日) ひらめのボンファム パリ風えびご飯 オニオンスープ きゃべつサラダ（きゃべつ、柿、きゅうり）
昭和57年	1(月) まぜずし（かに、しらす、ごぼう、椎茸、枝豆、いんげん、玉子） 生たらこの煮つけ（きぬさや） 油揚げとねぎの味噌汁	2(火) まぐろとすずきのお刺身 大根、しらたき、油揚げの炒め煮 せりのおひたし みつば、椎茸の味噌汁（すずきのあら）
昭和61年	3(月) 車えびのてんぷら 貝柱ときゅうりの酢の物 風呂ふき大根（ごま味噌かけ） 生ゆばとねぎの味噌汁	7(金) すずき、あわび、にんじんのバタ炒め かまぼこ しらすぼしと大根おろし 青豆ご飯 油揚げ、わかめの味噌汁

16(木)
松葉がにの三杯酢
こうや豆腐、椎茸、かまぼこ、あわびのうす味煮
春菊の味噌汁

25(土)
えびの天ぷらの醬油炒め
にらの酢みそあえ
豆腐と椎茸の味噌汁

22(月)
車えびの姿煮
きゅうり、赤貝の酢の物
五目豆
わかめの味噌汁

24(水)
わたりがにの酢の物
ひらめ塩焼き
うなぎザクザク
ほうれん草のおひたし
わかめの味噌汁

8(月)
かますの干物
枝豆の塩ゆで
焼豆腐、鳥のたたきの煮こみ
さつま汁（豚肉、ごぼう、にんじん、さつま揚げ）

18(木)
しめじごはん（しめじ、しらす、ぎんなん、にんじん）
いさきの塩焼き
いんげんのごまよごし
豆腐と油揚げの味噌汁

13(木)
さんまのひらき
ひらめの煮こごり
さつま芋の甘煮
しらすおろし
しめじ、油揚げの味噌汁

25(火)
かつおのたたき
さんまの塩焼き
花豆の甘煮
さや、生椎茸の味噌汁

12月		
昭和47年	8(金) 伊勢えびのぐそく煮 焼きかまぼこ 七福なます 大根千切りの味噌汁	9(土) ひらめバタ焼き（ほうれん草、じゃが芋、レモン） たらこ 豆腐、油揚げの味噌汁
昭和51年	15(水) かます干物 大根と糸こんにゃくの炒め煮 松茸佃煮 わかめの味噌汁	16(木) かきの土手焼き鍋 （かき、せり、ねぎ、小かぶ、焼豆腐） 黒豆 のり 鮭
昭和57年	19(日) まぐろの山かけ（まぐろ、とろろ芋、のり、わさび） 風呂ふき大根 春菊のおひたし 油揚げ、わかめの味噌汁	20(月) 湯豆腐 鯛のあらだき 里芋ごまあんかけ ゆば、椎茸の味噌汁
昭和61年	4(木) 魚ちり（車えび、きす、舌びらめ、ねぎ、ひらめのあら、生麩、白菜、大根、にんじん、こんにゃく） 鳥のそぼろ 花豆の甘煮	12(金) すきやき（牛肉、ねぎ、しらたき、焼豆腐、生ゆば） 山芋の千切り（花かつお） のり 小松菜の味噌汁

11(月)
ピーマン、牛肉の細切り炒め
かに豆腐
わかめの味噌汁

17(日)
鯛のあら煮
紋甲いかのわさびあえ
小松菜のおひたし
ゆば、椎茸の味噌汁

24(金)
しゃぶしゃぶ（牛肉、ねぎ、ほうれん草、椎茸、ゆば、大根おろし）
たたみいわし
うに

25(土)
ぶりと大根の鍋
ほうれん草、しらすの酢の物
おたふく豆
わかめ、ねぎの味噌汁

24(金)
魚すき（鯛、甘鯛、大正えび、かまぼこ、焼豆腐、小松菜、生椎茸、ねぎ、大根）
わかめとしらすの三杯酢
のり

27(月)
甘鯛生干し
まぐろのぬた（まぐろ、わかめ、ねぎ）
里芋、焼豆腐、さつま揚げ、きぬさやのうす味煮
大根の味噌汁

14(日)
かぶら鍋（かぶら、焼あなご、にんじん、きぬさや、活だこ、えび芋、こんにゃく、針しょうが）
紅鮭
ひじきと油揚げの煮込み

27(土)
ひらめとあわびのバタ炒め（ポテト、にんじん、グリーンアスパラ）
紅鮭
とろろこぶのおすまし

あとがき

わたしの献立日記には、二十二年間のわが家のお惣菜が書きとめてある。（あの頃はどんなものを食べていたかしら）などと時折り自分でめくってみるのは楽しいけれど——他人様《ひとさま》にご披露するなど、とても気恥かしくて出来ることではなかった。

それを、出版して戴《いただ》く気になったのは、満八十歳という齢のせいである。生まれつきひ弱だった私が、今日まで格別大病もしないでこられたのは、毎日のおかずのせいもあるのでは？　と急にこの日記がいとしくなり……もし、中高年の方たちのご参考になれば嬉しい、などと思ったからである。

なんの変哲もない献立日記を一冊の本にまとめて下さったのは新潮社出版部の北村暁子さん——あの熱心さのおかげである。そして、あなたが書店でこの本を手にとって下さったのは、安野光雅先生の素敵な装幀——おいしそうな茄子やししとうのおかげ……みなさま、ほんとうにありがとうございました。

昭和六十三年十一月

沢村貞子

解説

平松洋子

営々二十六年、沢村貞子が大学ノートに毎日記しつづけた献立日記は通算三十六冊におよぶ。あるときは鉛筆、あるときはボールペン、定規を使ってみずから縦線と横線を引いてつくった罫のなかに日々の献立が淡々と書かれてゆく。

その三十六冊をじかに目にする機会を得たとき、まずわたしの胸に迫りきたのは沢村貞子の気の張りだった。気の張りといっても、それは外に向けられたものではない。そもそも献立日記を書こうと思い立ったのは自分ただひとりのためで、その後もいっさい他人の目を意識せず書き継がれた。毎朝外出するとき一日の献立をお手伝いさんに渡して出かけるのが習慣で、帰ってきてから毎晩その内容をノートに清書した。いってみれば備忘録なのだが、だからこそ、一冊ずつ好みの着物を着付けてしゃんと背筋を伸ばして佇む気配をまとっていることに驚かされたのである。

どこにでも売っているふつうの大学ノートだが、三十六冊のうち一冊を除くすべて、表紙と裏表紙が芹沢銈介のカレンダーでくるんで自装してある。和紙の手触りがふんわりと指にやさしく、自分の好みに仕立てて大切に扱ってきたことがひしひしと伝わってくる。表紙の右脇にはマジックインキで年が記されており、一冊目には「昭和四十一年四月〜四十二年一月」。左脇には、長方形に切って貼った和紙に手書きの通算番号「壱」。二冊目は「弐」、三冊目は「参」と続き、以降おなじ意匠で統一されている。はじまりも内容も、なにもかも自分のためだったにもかかわらず、ひとつの確固としたスタイルが踏襲されているところに、「一度決めたことだから」を口ぐせにしていた沢村貞子の意志のありかを垣間見る思いがする。

表紙をめくり、手に取って一ページずつめくって読むと、最初に記したのは夕食だけだが、二冊めになると朝食も書き入れはじめている。三冊めに入ると縦の罫線が一本増え、日付、夕食、朝食が順番に横に並び、献立日記としてのスタイルが確立する。基本は一日二食、朝は野菜サラダ、夜は味噌汁を欠かさなかった。昼は「おやつ」と称し、くだもの、うどん、パンなどごく軽いものが書き添えられているのだが、全体を通じて量が少なめに抑えられているのはプロの役者としての摂生である。とはいえ、嗜好や流行、時代性も楽しげに反映されている。ことに昭和四十年代は新しい料理の本もずいぶん参考にしたようで、「かにのピラフ（おそうざい外国37頁）」「すずきのサンゼルマン（フランス71頁）」など楽しげな書き込みもあり、未知の味に挑戦するときのちょっと自慢げな表情が浮かぶ。「かにの玉子巻き揚げ」「そら豆の白ソースあえ」「玉ねぎスープ」「舌びらめのムニエル」……洋風や中華風の新しい風が吹いていた昭和のあのころ、どこの家庭の食卓にもおなじ空気が漂っていたのだと思うと、献立日記の存在にぐっと身近な気持ちが湧いてくる。

半世紀が過ぎてなお、日々恬淡と綴られる個人の献立の記録がとてもたいせつなものとして胸に響くのはなぜだろう。それは、日本人の身の丈がここにあるからではないか。身の丈に合った暮らし、ほどのよさ。沢村貞子は終生を通じてその意味を考え抜いて生きてきたひとである。自分の身の丈に合った暮らしは、生活思想の実践でもあったともいえる。その土台を築いたのは、生まれ育った浅草の庶民の生活であり、働きづめだった母の姿。

沢村貞子は明治四十一年、東京浅草に生まれた。父は狂言の座付き作者、竹芝傳蔵。母マツはそれこそ身を粉にして夫に滅私奉公した。芝居のことしか眼中になく、玄人の女たちにちやほやされた浮気者の夫を支える人生を送った母の姿は、惚れていたとはいえ、女として報われていたとは言いづらかった。四人兄弟の次女として貞子が生まれたとき、父がつぶやいたのは「ちぇっ、女か」。「自分のこどもはみな役者にする」のが悲願だったから、父の執念に応えるようにしてこどもたちは役者になった。兄はのちの四代目澤村國太郎、弟は加東大介である。お貞《てい》ちゃんと呼ばれて育った貞子は、六歳ごろから長唄や踊りの稽古に通いはじめ、家では母に厳しく家事を仕込まれ、すでに尋常小学校一年で夕飯のしたくをこなしていた。大正十年、浅草七軒町東京府立第一高等女学校入学。家庭教師をしながらみずから月謝と本代を稼ぎ、昭和元年、教師の夢を抱いて日本女子大学師範家政学部に入学する。二十歳のとき、築地小劇場の女優、山本安英に「新劇の道を目指したい」と手紙を送って女優への第一歩を踏みだす。ちょうど兄は女形として人気がでて映画界へ引き抜かれ、弟も真剣に役者に取り組みはじめた時期だったから、一家の熱気は女優志願の追い風となったに違いない。こうして女優ひと筋に生きはじめるまでの二十年間、「今日《こんにち》さまに申し訳ないからさ」が口ぐせだった働き者の母によって、生活者としての気概を骨身に叩きこませながら育った。

献立日記を読んでいると、おのずと「毎日の繰りまわし」という言葉が浮上してくる。身を粉にしてくるくる働き、家計をやりくりし、四季に寄り添いながら今日のお膳を調える姿が目に浮かぶ言葉。勤勉さ、けなげな工夫や知恵、生活者としてのささやかなよころび。戦前戦後をつうじて日本人の生活を支えてきたのは、「毎日の繰りまわし」に宿る精神に思われる。たとえば、こんな献立の三日間にも。

昭和四十一年
10月9日　日
栗ご飯
牛肉のおろしあえ
野菜ごま煮
豆腐の味噌汁
10月10日　月
鳥から揚げ
肉、大根、里芋煮つけ

五色なます
ねぎ、油揚げのかす汁
10月11日　火
さんま塩焼き
いんげんのおひたし
煮豆
さつま汁

とりたててなんということのない内容に見えるけれど、まことに奥行きがある。季節があり、変化をつける趣向の工夫があり、台所に立つ楽しみと食べる楽しみがあり、そして三日間はのりしろで貼り合わせられながら繋がっている。だからこそ、ごくあたりまえの慎ましやかな味噌汁がきらきらと輝いて映るのだ。ちなみに、味噌汁の存在にことのほか意味を見出して「おみおつけ」と記しはじめた最初は、昭和五十七年五月三十一日である。

とはいえ、ただ質素なだけではなかった。本書に「ぜいたく」と題した一文があるが、出入りの魚屋から買う新鮮な魚介は惜しまなかった。

ほんとに――ほかに道楽はない。住むところはこぎれいなら結構。着るものはこざっぱりしていれば、それで満足。貴金属に興味はないから指輪ははめないし、貯金通帳の0を数える趣味もない。いわば、ごく普通のつましい暮らしをしている。ただ――食物だけは、多少ぜいたくをさせてもらっている。（中略）こちらはなにしろ庶民だから、あんまりぜいたくなものを食べたりすると、今日《こんにち》さまに申し訳なくて気がひける。そんなときに――まあいいでしょう、ダイヤの指輪一つ買ったと思えば――と自分に言いわけするのが癖になっている。おかげで、いつも、気楽においしいものが食べられる、という仕掛けなのだけれど――ちょっと、おかしいかしら。

骨の髄まで沁みこんだ「今日さまに申し訳なくて」がなんだか愛らしい。「ぜいたく」という表現は、日々の食卓に緩急をつけるとともに、役者稼業に精出してせっせと働く自分の背中を押すための小道具でもあったろう。そして、明治生まれの女は苦難を乗り越えていっしょになった夫を徹底的に立てた。

いつも、玄関に置く二人のサンダルも――あなたのものは、キチンと、真中にそろえておかないと「履きにくい」と、眉をひそめる人だったから――洗面所の、あなたの手拭も、かならず、上座《かみざ》……引き戸をあけてすぐのところにかけておくように、気をつかったものです。

とにかく几帳面で潔癖で、とても情にもろいところがあるくせに、恰好の悪いことは大嫌いな、かなり頑固なスタイリストのあなたは、うちの中では、けっこう、威張っていたということ。そして私は、いつでも何でも……できるだけ、あなたの気持に添うように気をつけていましたから、まずまず、天下泰平ということでした。

（『老いの道づれ』）

さて、沢村貞子の暮らしぶりが大きく変わったのは平成二年、八十二歳のときである。その前年に女優を引退し、夫の大橋恭彦とともに長年住み慣れた東京・代々木上原の家を引き払い、神奈川・湘南に住まいを移す。老後は、ふたりでおだやかに海の見える場所で暮らしたいという一念で思い立った引っ越しだが、老境にあってそれまでの暮らしをばっさり切り捨てた気概はなまなかなものではない。食器はぜんぶ三枚だけと決め、鍋釜や包丁も処分、家財道具はあらかたテレビ局の美術部に引き取ってもらった。好きな着物でさえ白髪に似合うものだけ、すっぱりと潔く自分を身軽にした。

海の眺められる部屋ではじまった念願の暮らしは、平成六年、五十年連れ添った大橋恭彦が逝去するまで四年続いた。長年にわたった献立日記の筆が措かれるのはその二年前、平成四年十一月二十二日。八十四歳のときである。

11月22日（日）晴
ひらめのうすづくり　うなぎのザクザク　かぼちゃの甘煮　おみおつけ（大根千六本）

楚々とした食卓の情景が目に浮かぶ。つややかなひらめの刺身。小鉢に盛った香ばしいうなぎ。千六本に刻んだ大根の味噌汁のふくよかな香り。何度も何度も繰りかえし食卓にのぼった、おなじみの料理がふかぶかと余韻を残す。しかし、つぎの日からの罫線のなかには一字一句見つからず、空白がぽっかりとただ続く。その三十六冊めの大学ノートただ一冊だけ、表と裏表紙に芹沢銈介のカレンダーは貼られておらず、むきだしのままになっていた。

じつは献立日記にはその先があった。このたびわたしは、献立日記をはじめ沢村貞子さんの遺品のいっさいを預かる元マネージャー、山崎洋子さんのご厚意によって、献立日記のその後に出逢うことになった。三十六冊めの献立日記がひっそりと終わりを告げたあと、二年後の平成六年にしたためられた日記帳のなかに、それは見つかった。

臙脂色のビニール装、市販の小型の日記帳の表紙に金色の型押しで「DIARY 1994」。めくると、見開き二ページが四日分の仕様になっている。そこにほんの数行ずつ、ボールペンでさらりと書かれた筆跡。かつての献立日記は、数行の日記のあとに書き添えるかっこうで、ふたたび現れる。平成六年、八十六歳。

1月5日　水曜　晴

○天麩羅（車えび、はぜ、しいたけ、さつま芋、いんげん）
○きんとん
○ほうれん草としらすの酢のもの
○おみおつけ（あさり）

1月6日　木曜　晴

○鯛のうすづくり
○天ぷらの残りの煮つけ
○春菊のごまよごし
○栗きんとん
○とろろ汁

かつて二十六年間の習慣が不意によみがえってきたのだろうか。それとも、年頭に当たって生きる元気を振り絞ろうとしたのだろうか。しかし、日記には歯の痛みのつらさがしきりに訴えられており、復活した献立日記は一月五日からほんのいっとき八日間のみ、一月十二日で終わっている。と同時に日記そのものも、何か月間もぷつりと途切れる。不意に再開するのは六月二十日、夫が体調を崩して市民病院へ診察を受けに行った日。こうして、かろうじて息を継ぎながら日記は切れ切れに続くが、一か月後の七月十七日、「恭彦死亡」とみずから記す。目の前の現実を自分に強く言い聞かせるかのような、きっぱりと圧を込めた濃い筆跡。その数日後から、日記はもう二度と開かれることはなかった。世を去るのは、それから二年後のことである。

献立日記は、沢村貞子にとって、自分の人生を全うするための心棒であった。それは、脇役女優として懸命に働き、たいせつにした夫婦の暮らしを守り通すための盾であったかもしれない。だからこそ、恬淡と綴られ続けた献立日記はぴんと背筋を伸ばした気の張りを湛えている。それは、沢村貞子の生きかたそのものである。

（ひらまつ・ようこ／エッセイスト）

『わたしの献立日記』

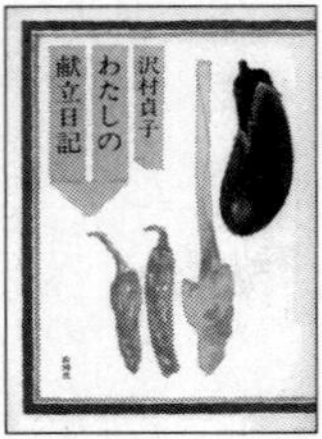

単行本　一九八八年十二月　新潮社刊

文庫版　一九九七年三月　新潮社刊

中公文庫

わたしの献《こん》立《だて》日《にっ》記《き》

2012年9月25日　初版発行
2025年7月30日　16刷発行

著　者　沢《さわ》村《むら》 貞《さだ》子《こ》

発行者　安部 順一

発行所　中央公論新社
〒100-8152　東京都千代田区大手町1-7-1
電話　販売 03-5299-1730　編集 03-5299-1890
URL https://www.chuko.co.jp/

DTP　平面惑星
印　刷　三晃印刷
製　本　フォーネット社

Published by CHUOKORON-SHINSHA, INC.
Printed in Japan　ISBN978-4-12-205690-9 C1195

中公文庫既刊より

各書目の下段の数字はISBNコードです。978-4-12が省略してあります。

ひ-26-1
買物71番勝負 平松洋子
この買物、はたしてアタリかハズレか。一つ一つの買物は一期一会の真剣勝負だ。キャミソールから浄水ポットまで、買物名人のバッグの中身は？〈解説〉有吉玉青
204839-3

い-110-1
良いおっぱい悪いおっぱい〔完全版〕 伊藤比呂美
一世を風靡したあの作品に、3人の子を産み育て、25年分の人生経験を積んでパワーアップした伊藤比呂美が大幅加筆！「やっと私の原点であると言い切ることができます」
205355-7

い-110-2
なにたべた？ 伊藤比呂美＋枝元なほみ往復書簡 伊藤比呂美 枝元なほみ
詩人は二つの家庭を抱え、料理研究家は二人の男の間で揺れながら、どこへ行っても料理をつくっていた。二十年来の親友が交わす、おいしい往復書簡。
205431-8

い-110-4
閉経記 伊藤比呂美
更年期の女性たちは戦っている。老いる体、減らない体重、親の介護、夫の偏屈と。ホルモン補充療法に挑戦、ラテン系エクササイズに熱中する日々を、無頼かつ軽妙に語るエッセイ集。
206419-5

い-110-5
ウマし 伊藤比呂美
食の記憶（父の生卵）、異文化の味（ターキー）、偏愛の対象（スナック菓子、山椒）。執着し咀嚼して、胃の腑をゆさぶる本能の言葉。滋養満点の名エッセイ。
207041-7

い-116-1
食べごしらえ おままごと 石牟礼道子
父がつくったぶえんずし、獅子舞にさしだした鯛の身。土地に根ざした食と四季について、記憶を自在に行き来しながら多彩なことばでつづる。〈解説〉池澤夏樹
205699-2

あ-13-6
食味風々録 阿川弘之
生まれて初めて食べたチーズ、向田邦子との美味談義、海軍時代の食事話など、多彩な料理と交友を綴る、自叙伝的食随筆。〈巻末対談〉阿川佐和子〈解説〉奥本大三郎
206156-9

い-8-9
食卓のつぶやき
池波正太郎
幼き日の海苔弁当から大根の滋味に目覚めるまで。東京下町から仙台、フランス、スペインまで。味と人をめぐる美味しい話。〈巻末対談〉荻昌弘「すきやき」
207134-6

い-8-10
チキンライスと旅の空
池波正太郎
自分が生まれた日の父の言葉、初めての人と出会う旅の醍醐味、薄れゆく季節感への憂い……国民作家が語る食、旅、暮し。座談会「わたくしの味自慢」収録。
207241-1

い-8-8
青春忘れもの　増補版
池波正太郎
小卒の株仲買店の小僧が小説家として立つまで――。著者の創作のエッセンスが詰まった痛快な青春記。短篇小説「同門の宴」を併録。〈解説〉島田正吾
206866-7

う-1-4
味な旅 舌の旅　新版
宇能鴻一郎
芥川賞作家にして官能小説の巨匠。唯一無二の作家が、日本各地の美味佳肴を求めて列島を縦断。貪婪な食欲と精緻な舌で綴る味覚風土記。〈巻末対談〉近藤サト
207175-9

う-9-4
御馳走帖
内田百閒《ひゃっけん》
朝はミルク、昼はもり蕎麦、夜は山海の珍味に舌鼓をうつ百閒先生の、窮乏時代から知友との会食まで食味の楽しみを綴った名随筆。〈解説〉平山三郎
202693-3

う-9-5
ノラや
内田百閒
ある日行方知れずになった野良猫の子ノラと居つきながらも病死したクルツ。二匹の愛猫にまつわる愛情と機知とに満ちた連作14篇。〈解説〉平山三郎
202784-8

う-9-6
一病息災
内田百閒
持病の発作に恐々としつつも医者の目を盗み麦酒をがぶがぶ……。ご存知百閒先生が、己の病、身体、健康について飄々と綴った随筆を集成したアンソロジー。
204220-9

う-9-10
阿呆の鳥飼
内田百閒
鶯の鳴き方が悪いと気に病み、漱石山房に文鳥を連れて行く……。『ノラや』の著者が小動物たちとの暮らしを綴る掌篇集。〈解説〉角田光代
206258-0

各書目の下段の数字はＩＳＢＮコードです。978－4－12が省略してあります。

う-9-11
大貧帳
内田百閒
お金はなくても腹の底はいつも福福である——質屋、借金、原稿料……飄然としたなかに笑いが滲みでる。百鬼園先生独特の諧謔に彩られた貧乏美学エッセイ。
206469-0

う-30-3
文士の食卓
浦西和彦編
甘いものに目がなかった漱石、いちどきにうどん八杯を平らげた「食欲の鬼」子規。共に食卓を囲んだ家族、友人、弟子たちが綴る文豪たちの食の風景。
206538-3

き-7-2
魯山人陶説
北大路魯山人
平野雅章編
「食器は料理のきもの」と唱えた北大路魯山人。自らの豊富な作陶体験と鋭い鑑賞眼を拠り所に、古今の陶芸家と名器を俎上にのせ、焼物の魅力を語る。
201906-5

き-7-3
魯山人味道
北大路魯山人
平野雅章編
書・印・やきものにわたる多芸多才の芸術家・魯山人が終生変らず追い求めたものは〝美食〟であった。折りに触れ、書き、語り遺した美味求真の本。
202346-8

き-7-4
魯山人書論
北大路魯山人
平野雅章編
魯山人の多彩な芸術活動の根幹をなすものは〝書〟であり、彼の天分はまず書画と篆刻において開花した。独立不羈の個性が縦横に展開する書道芸術論。
202688-9

き-7-5
春夏秋冬 料理王国
北大路魯山人
美味道楽七十年の体験から料理する心、味覚論語、食通閑談、世界食べ歩きなど魯山人が自ら料理哲学を語り、手掛けた唯一の作品。〈解説〉黒岩比佐子
205270-3

き-15-12
食は広州に在り
邱永漢
美食の精華は中国料理、そのメッカは広州である。広州美人を娶り、自ら包丁を手に執る著者が、蘊蓄を傾けて語る中国的美味求真。〈解説〉丸谷才一
202692-6

き-15-17
香港・濁水渓 増補版
邱永漢
戦後まもない香港で、台湾人青年がたくましく生き抜くさまを描いた直木賞受賞作「香港」と、同候補作「濁水渓」を併録。随筆一篇を増補。〈解説〉東山彰良
207058-5

き-15-18
わが青春の台湾 わが青春の香港
邱永漢
台湾、日本、香港――戦中戦後の波瀾に満ちた半生を綴った回想記にして、現代東アジア史の貴重な証言。短篇「密入国者の手記」を特別収録。〈解説〉黒川 創
207066-0

き-15-19
邱飯店交遊録 私が招いた友人たち
邱永漢
自宅に招いた客人とメニューの記録三十年分を振り返る愉快な交遊録。檀一雄が最初に来た日の「野鶏巻」と安岡章太郎のお気に入り「芋頭扣肉」のレシピ、人名索引付。
207257-2

く-20-1
猫
クラフト・エヴィング商會
井伏鱒二／谷崎潤一郎 他
猫と暮らし、猫を愛した作家たちが思い思いに綴った珠玉の短篇集が、半世紀ぶりに生まれかわる。ゆったり流れる時間のなかで、人と動物のふれあいが浮かび上がる、贅沢な一冊。
205228-4

く-20-2
犬
クラフト・エヴィング商會
川端康成／幸田文 他
ときに人に寄り添い、あるときは深い印象を残して通り過ぎていった名犬、番犬、野良犬たち。彼らと出会い、心動かされた作家たちの幻の随筆集。
205244-4

く-25-1
酒味酒菜
草野心平
海と山の酒菜に、野バラのサンドウィッチ……。詩作のかたわら居酒屋を開き、酒の肴を調理してきた著者による、野性味あふれる食随筆。〈解説〉高山なおみ
206480-5

し-15-15
味覚極楽
子母澤寛
〝味に値無し〟――明治・大正のよき時代を生きた粋人たちが、さりげなく味覚に託して語る人生の深奥を聞き書き名人でもあった著者が綴る。〈解説〉尾崎秀樹
204462-3

し-31-7
私の食べ歩き
獅子文六
日本で、そしてフランス滞在で磨きをかけた食の感性と、美味への探求心。「食の神髄は惣菜にあり」との境地を綴る食味随筆の傑作。〈解説〉高崎俊夫
206288-7

し-40-1
コーヒーに憑かれた男たち
嶋中労
現役最高齢・ランブルの関口、業界一の論客・バッハの田口、求道者・もかの標。コーヒーに人生を捧げた自家焙煎のカリスマがカップに注ぐ夢と情熱。
205010-5

各書目の下段の数字はISBNコードです。978-4-12が省略してあります。

し-40-2
コーヒーの鬼がゆく 吉祥寺「もか」遺聞　嶋中　労
自家焙煎の草分け「もか」店主・標交紀、ダイヤモンドのような一杯を追い求め、コーヒーの世界に全てを捧げた無骨な男。稀代の求道者の情熱の生涯。
205580-3

た-15-10
富士日記（上）新版　武田百合子
夫・武田泰淳と過ごした富士山麓での十三年間を克明に描いた日記文学の白眉。昭和三十九年七月から四十一年九月分を収録。〈巻末エッセイ〉大岡昇平
206737-0

た-15-11
富士日記（中）新版　武田百合子
愛犬の死、湖上花火、大岡昇平夫妻との交流。昭和四十一年十月から四十四年六月の日記を収録する。田村俊子賞受賞作。〈巻末エッセイ〉しまおまほ
206746-2

た-15-12
富士日記（下）新版　武田百合子
季節のうつろい、そして夫の病。山荘でともに過ごした最後の日々を綴る。昭和四十四年七月から五十一年九月までを収めた最終巻。〈巻末エッセイ〉武田　花
206754-7

た-22-2
料理歳時記　辰巳浜子
いまや、まったく忘れられようとしている昔ながらの食べ物の知恵、お総菜のコツを四季折々約四百種の材料をあげながら述べた「おふくろの味」大全。
204093-9

た-28-17
夜の一ぱい　田辺聖子　浦西和彦編
友と、夫と、重ねた杯の数々……。四十余年の長きに亘る酒とのつき合いを綴った、五十五本のエッセイを収録、酩酊必至のオリジナル文庫。〈解説〉浦西和彦
205890-3

た-33-9
食客旅行　玉村豊男
香港の妖しい衛生鍋、激辛トムヤムクンの至福、干しダコとエーゲ海の黄昏など、旅の楽しみイコール食の愉しみだと喝破する著者の世界食べ歩き紀行。
202689-6

た-33-15
男子厨房学入門《メンズ・クッキング》　玉村豊男
「料理は愛情ではない、技術である」「食べることの経験はつくることに役立たないが、つくることの経験は食べることに役立つ」超初心者向け料理入門書。
203521-8

た-33-16
晴耕雨読ときどきワイン
玉村豊男
著者の軽井沢移住後数年から、ヴィラデスト農園に至る軽井沢、御代田時代（一九八八〜九三年）を綴る。題名のライフスタイルが理想と言うが……。
203560-7

た-33-19
パンとワインとおしゃべりと
玉村豊男
大のパン好きの著者がフランス留学時代や旅先で出会ったさまざまなパンやワインと、それにまつわる愉快なエピソードをちりばめたおいしいエッセイ集。
203978-0

た-33-20
健全なる美食
玉村豊男
二十数年にわたり、料理を自ら作り続けている著者が、客へのもてなし料理の中から自慢のレシピを紹介。食文化のエッセンスのつまったグルメな一冊。カラー版
204123-3

た-33-22
料理の四面体
玉村豊男
英国式ローストビーフとアジの干物の共通点は？　刺身もタコ酢もサラダである？　火・水・空気・油の四要素から、全ての料理の基本を語り尽くした名著。〈解説〉日髙良実
205283-3

た-34-4
漂蕩の自由
檀一雄
韓国から台湾へ。リスボンからパリへ。マラケシュで迷路をさまよい、ニューヨークの木賃宿で安酒を流し込む。「老ヒッピー」こと檀一雄による檀流放浪記。
204249-0

た-34-5
檀流クッキング
檀一雄
この地上で、私は買い出しほど好きな仕事はない——という著者は、人も知る文壇随一の名コック。世界中の材料を豪快に生かした傑作92種を紹介する。
204094-6

た-34-6
美味放浪記
檀一雄
著者は美味を求めて放浪し、その土地の人々の知恵と努力を食べる。私達の食生活がいかにひ弱でマンネリ化しているかを痛感せずにはおかぬ剛毅な書。
204356-5

た-34-7
わが百味真髄
檀一雄
四季三六五日、美味を求めて旅し、実践的料理学に生きた著者が、東西の味くらべはもちろん、その作法と奥義も公開する味覚百態。〈解説〉檀太郎
204644-3

各書目の下段の数字はISBNコードです。978－4－12が省略してあります。

た-46-9
いいもの見つけた
高峰秀子
歯ブラシ、鼻毛切りから骨壺まで。高峰秀子が選び抜いた身近な逸品。徹底した美意識と生活の知恵が生きた、豊かな暮らしをエンジョイするための本。カラー版。
206181-1

つ-2-9
辻留 ご馳走ばなし
辻嘉一
茶懐石の老舗の主人というだけでなく家庭料理の普及につとめてきた料理人が、素材、慣習を中心に、六十余年にわたる体験を通して綴る食味エッセイ。
203561-4

つ-2-11
辻留・料理のコツ
辻嘉一
材料の選び方、火加減、手加減、味加減――「辻留」の二代目主人が、料理のコツのコツをやさしく手ほどきする。家庭における日本料理の手引案内書。
205222-2

つ-2-13
料理心得帳
辻嘉一
茶懐石「辻留」主人の食説法。ひらめきと勘、盛りつけのセンス、よい食器とは、昔の味と今の味、季節季節の献立と心得を盛り込んだ、百六題の料理嘉言帳。
204493-7

つ-2-14
料理のお手本
辻嘉一
ダシのとりかた、揚げ物のカンどころ、納豆に豆腐にお茶漬、あらゆる料理のコツと盛り付け、四季のいろどりも豊かな、家庭の料理人へのおくりもの。
204741-9

つ-26-1
フランス料理の学び方 特質と歴史
辻静雄
フランス料理の普及と人材の育成に全身全霊を傾けた著者が、フランス料理はどういうものなのかについてわかりやすく解説した、幻の論考を初文庫化。
205167-6

な-52-6
文豪と食 食べ物にまつわる珠玉の作品集
長山靖生編
子規が柿を食した時に聞こえたのは東大寺の鐘だった？潔癖症の鏡花は豆腐を豆府に！ 漱石、露伴、荷風、谷崎、芥川、久作、太宰など食道楽に収まらぬ偏愛的味覚。
206791-2

ひ-28-1
千年ごはん
東直子
山手線の中でクリームパンに思いを馳せ、徳島ではすだちを大人買い。今日の糧に短歌を添えて、日常を鋭い感性で切り取る食物エッセイ。〈解説〉高山なおみ
205541-4